Do 24 T-1 (Tp), T-2 (Tp)

Bedienungsvorschrift-Fl
Bedienung und Wartung des Flugzeuges

Werkschrift 1040

Do 24 T-1 (Tp), T-2 (Tp)

Bedienungsvorschrift-Fl
Bedienung und Wartung des Flugzeuges

Januar 1942

Dornier-Werke G.m.b.H., Friedrichshafen

T 407/I.42/1300

The Naval & Military Press Ltd

Published by

The Naval & Military Press Ltd
Unit 5 Riverside, Brambleside
Bellbrook Industrial Estate
Uckfield, East Sussex
TN22 1QQ England

Tel: +44 (0)1825 749494

www.naval-military-press.com
www.nmarchive.com

In reprinting in facsimile from the original, any imperfections are inevitably reproduced and the quality may fall short of modern type and cartographic standards.

Der Reichsminister der Luftfahrt   Berlin, den 21. Januar 1942
und Oberbefehlshaber der Luftwaffe

Technisches Amt
GL/C-E 2 Nr. 1545/42 (VIII C)

Die **Werkschrift 1040**

Do 24 T-1 (Tp), T-2 (Tp)

„**Bedienungsvorschrift-Fl, Januar 1942**"

der Firma Dornier-Werke G. m. b. H., Friedrichshafen, wird hiermit genehmigt.

Die Abgabe der Werkschrift darf nur an solche **Dienststellen** der Luftwaffe erfolgen, die mit dem beschriebenen Gerät beliefert werden, bzw. deren Personal an diesem Gerät ausgebildet wird.

Mit Herausgabe einer L.Dv.T. oder D.(Luft)T. wird diese Werkschrift außer Kraft gesetzt.

I. A.

Scheibe

Achtung!

Diese Druckschrift ersetzt die
Werkschrift 1012
Do 24 T - Trop, Bedienungsvorschrift-Fl
Juli 1941

Inhalt

I. Klarmachen zum Abflug

	Seite
A. Allgemeine Vorbereitungen	I 01
1. Abdeckplanen entfernen	I 01
2. Verankerung lösen	I 01
3. Feststellvorrichtungen lösen	I 01
B. Prüfung der Behälterinhalte	I 01
1. Kraftstoff	I 01
2. Anlaßkraftstoff	I 02
3. Schmierstoff	I 02
4. Motorspreizklappenverstellanlage	I 02
5. Schnellablaßanlage	I 02
6. Hilfsaggregat	I 02
7. Feuerlöscher	I 02
C. Flugklarprüfung	I 02
1. Bootswerk	I 02
2. Schwimmwerk	I 03
3. Leitwerk	I 03
4. Steuerwerk	I 03
5. Tragwerk	I 04
6. Triebwerksanlage	I 04
7. Triebwerksbedien- und Versorgungsanlage	I 04
8. Bewaffnung	I 04
9. Ausrüstung	I 05
10. Zuladung	I 06
D. Anlassen, Warmfahren und Abbremsen der Motoren	I 06
1. Vorbereitungen zum Anlassen	I 06
2. Anlassen mit Außenbordstrom	I 07
3. Anlassen mit Bordstrom	I 08
4. Anlassen mit Hilfsaggregat „Gefinal"	I 09

	Seite
5. Warmfahren	I 09
6. Prüfungen während des Warmfahrens	I 10
7. Abbremsen	I 10
8. Kaltstart	I 11
9. Abstellen der Motoren	I 11
E. Flugklarmeldung	I 12
Meldung: Erster Wart	I 12

II. Flugbetrieb

A. Allgemeine Angaben	II 01
1. Einstieg	II 01
2. Ausrüstung	II 01
3. Führersitz und Pedaleinstellung	II 10
4. Geräteanordnung	II 10
5. Allgemeine Flugeigenschaften	II 10
B. Vorbereitungen zum Abflug	II 10
1. Kraftstoffschaltung	II 10
2. Einstellen von Geräten	II 12
3. Rollen zum Abflug	II 12
C. Flug	II 13
1. Abflug	II 13
2. Steigflug	II 15
3. Reiseflug	II 16
4. Nachtflug	II 19
5. Flug mit Kurssteuerung	II 20
6. Landung	II 20
D. Verhalten in Sonderfällen	II 21
1. Durchstarten	II 21
2. Ausfall des elektr. Bordnetzes	II 22
3. Betrieb des Hilfsaggregates	II 22
4. Kraftstoffschnellablaß	II 23
5. Motorausfall	II 23
6. Fallschirmausstieg	II 24
7. Notlandung	II 24
8. Tropeneinsatz	II 26

III. Wartung

	Seite
A. Allgemeine Arbeiten	III 01
1. Abstellen an Land	III 01
2. Zuwasserbringen und Aufholen	III 03
3. Liegen im Wasser	III 05
4. Auftanken	III 07
5. Enttanken	III 11
6. Laden des Transportgutes	III 12
7. Sonstige Arbeiten	III 13
B. Tägliche Arbeiten	III 15
1. Flugwerk	III 15
2. Triebwerk	III 16
3. Ausrüstung	III 16
C. Terminmäßige Wartung	III 17
1. Wartungs- und Prüfplan	III 17
2. Schmierpläne	III 18

Abbildungen

Abb.		Seite
1	Längsschnitt	**II** 01
2	Geräteanordnung im Führerraum	**II** 03
3	Geräteanordnung im Bordwartraum rechts . .	**II** 05
4	Bedientafel im Raum 4 links	**II** 07
5	Hauptschalttafel im Raum 4 links	**II** 09
6	Schema der Kraftstoffanlage	**II** 11
7	Zulässige Gewichte und Seegang	**II** 14
8	Schwimmlage eines beschädigten Bootes . . .	**II** 25
9	Flugbootverankerung an Land	**III** 02
10	Sliphaken	**III** 03
11	Flugboot mit gesetztem Sonnensegel	**III** 06
12	Tanken mit Umpumpaggregat	**III** 08
13	Enttanken	**III** 11
14	Stummelbehälter enttanken	**III** 11
15	Ladekran	**III** 13
16	Schmierplan: Motorbediengestänge	**III** 19
17	Schmierplan: Motorbedienungsseilzüge . . .	**III** 20
18	Schmierplan: Steuerung	**III** 21
19	Schmierplan: Hilfssteuerung	**III** 22

I. Klarmachen zum Abflug

A. Allgemeine Vorbereitungen

Am verankerten oder sonstwie abgestellten Flugboot die Abdeckplanen entfernen:
>vom Führeraufbau,
>von den Kuppeln der Waffen-Stände,
>von den Motoren und
>von den Staurohren.

1. **Abdeckplanen entfernen**

Verankerungsseile lösen: an den Klampen der Stummel.

2. **Verankerung lösen**

Feststellvorrichtung der Höhen-, Seiten- und Querrudersteuerung im Führerraum und Verriegelung des Höhen- und Seitensteuergestänges im Heckraum bei Spant 31 lösen.

3. **Feststellvorrichtungen lösen**

B. Prüfung der Behälterinhalte

Bedarf entsprechend vorgesehener Flugstrecke nach „Flugstreckentabelle" plus Sicherheitszuschlag

1. **Kraftstoff**

Behälter	Inhaltsprüfung
2 Flächenbehälter	mit Peilstab im Behälter od. Vorratsmesser im Raum 4
12 Stummelbehälter (je 6 Stück L. u. R.)	mit Vorratsmesser im Raum 4

Die Peilstäbe der Flächenbehälter sind nach Ausschrauben der jeweiligen Deckel in der Flächenbeplankung zugänglich.

Die Kraftstoffvorratsmesser in der Bedientafel des Raumes 4 zeigen jeweils nur den Inhalt einer Behälterseite an und müssen zur Anzeige der anderen Behälterseite mittels dem Schalter neben den Anzeigegeräten entsprechend geschaltet werden. Beim Ablesen der Anzeigegeräte ist zu berücksichtigen, daß das Anzeigegerät mit der Bezeichnung „Stummelbehälter III" auch den Inhalt des Stummelbehälters VI, und dasjenige mit der Bezeichnung

"Stummelbehälter IV" auch den Inhalt des Stummelbehälters V mitanzeigt.

2. Anlaßkraftstoff

Der Behälter im Raum 4 links über den Bordstromsammlern muß randvoll gefüllt sein (Füllverschraubung — Peilstab).

3. Schmierstoff

Bedarf entsprechend vorgesehener Flugstrecke nach "Flugstreckentabelle" plus Sicherheitszuschlag.

Inhaltsprüfung mittels Peilstab nach Abnahme der Deckel in der Triebwerksverkleidung.

Achtung! Ist Flugboot für Kaltstart vorzubereiten, dann die erforderliche Schmierstoffmenge nach den Angaben der besonderen "Kaltstartbetriebsanweisung" feststellen.

4. Motorspreizklappenverstellanlage

Der Behälter im Raum 4 links muß mit 5 Liter der hydraulischen Flüssigkeit gefüllt sein. Messung mit Peilstab (Entlüftungsrohr).

5. Schnellablaßanlage

Die Kohlensäureflaschen am Spant 19 müssen gefüllt sein. Prüfen der Flaschen durch Wiegen:

Leergewicht einer Flasche . . . . 6,255 kg
Füllgewicht . . . . 3,750 kg

Flasche gefüllt . . . . 10,005 kg

6. Hilfsaggregat

Der Behälter im Raum 4, an der rechten Bootswand zwischen Spant 12 und 13, muß randvoll sein (Inhalt 27,5 Liter — Peilstab).

7. Feuerlöscher

Der Feuerlöscher "Wintrich A 4" am Schottspant 11 links, innerhalb des Raumes 4, muß gefüllt und betriebsbereit sein.

C. Flugklarprüfung

1. Bootswerk

Auf festen **Sitz** und gutes Anliegen sämtlicher Verkleidungen, Deckel und Klappen sowie einwandfreies Schließen der Schnellverschlüsse und Klappen achten. Schiebefenster müssen gut schließen und leicht zu öffnen sein, kein Spiel.

Einstiegklappe und **Schottüren** müssen einwandfrei schließen und die Beplankungsfelder über den Stummelbehältern fest angeschraubt sein.

Boot und **Stummel** auf Beplankungsschäden prüfen.

Leckwasser in Boot und Stummeln gelenzt? Leckwasser in den hinteren Stummelräumen wird mit der transportablen Lenzpumpe über die Kontroll- und Belüftungsöffnungen im Raum 5 gelenzt.

Bordpapiere vorhanden?

Bordwerkzeug, Bordsack, Motorenwerkzeug untergebracht?

Beladung nach Beladevorschrift in Ordnung?

Siehe unter „1. Bootswerk".   **2. Schwimmwerk**

Ruder und Flossen auf Beplankungsschäden prüfen.   **3. Leitwerk**
Lagerungen und Steueranschlüsse der Ruder nachsehen. Ruderausschläge prüfen.

Prüfe die Ausschläge der Landeklappe und der Hilfsruder.

Vorsicht! Landeklappe nicht ausfahren, wenn Deckel der hinteren Ladeluke geöffnet ist.

Die Ausgangsstellungen müssen mit den Nullstellungen der Anzeigegeräte im Führerraum (für Landeklappe zweites Gerät im Raum 5) übereinstimmen.

Die Antriebe dürfen kein Spiel aufweisen.

Die Gewichtsausgleichbügel der Höhenruder müssen festsitzen und frei durch die Durchgangskästen der Höhenflosse gehen. Anschlüsse der Höhenflossenabstützung in Ordnung?

Sämtliche Verkleidungen müssen festsitzen und alle Klappen und Deckel an den Flossen und Rudern gut schließen.

Das gesamte Steuerwerk ist auf Leichtgängigkeit zu   **4. Steuerwerk**
prüfen.

Landeklappe betätigen (siehe vorhergehenden Abschnitt) und dabei Anzeige (Überwachungslampe in der

Führergerätetafel sowie je ein Anzeigegerät im Führerraum links bei Spant 7 und im Raum 5 links bei Spant 19) überwachen. Querruder müssen bei ausgefahrener Landeklappe vollen Ruderausschlag zulassen.

Die **Steuergestänge**, Verstellwellen, Seil- und Kettenzüge sind von der Betätigungseinrichtung bis zu den Antriebshebeln hin zu untersuchen.

Besonderes Augenmerk ist den Verbindungsstellen der Stoßstangen, Wellen, Seil- und Kettenzüge zu schenken. Ordentliche Führungen beachten.

5. Tragwerk

Stielanschlüsse und Anschlüsse der Flächenaußenteile gesichert und in Ordnung? Stielverspannung in Ordnung?

Festsitz und richtiges Schließen aller **Klappen und Deckel** auf Ober- und Unterseite prüfen. Besonders auf die Beplankungsdeckel unter den Flächenbehältern sowie über dem Heißgeschirr und die Klappen der Stielverkleidungen achten.

6. Triebwerksanlage

Motoren: Nach Motorhandbuch „BRAMO FAFNIR 323 R 2".

Luftschrauben: Luftschrauben mehrmals hin und her verstellen. Richtige Verstellanzeige beachten. Hauben gut verriegeln.

Triebwerksgerüst und Verkleidung: Motorbockanschlüsse, Klappen und Schnellverschlüsse überprüfen.

7. Triebwerksbedien- und Versorgungsanlage

Motorbedienung betätigen, Gestänge und Seilzüge müssen ohne Spiel gängig sein. Motorspreizklappen- (Zylinderkühlung) und Schmierstoffkühlerklappenbetätigung prüfen. Desgleichen Kraftstoff-Schnellablaßanlage. Umpumpaggregat an der Schottwand Spant 13 betriebsfähig und vorschriftsmäßig gelagert?

Sind sämtliche Leitungen und Behälter dicht? Bezüglich der geschützten Behälter siehe die Druckschriften der Firma Raspe u. Co.

8. Bewaffnung

Waffen vollständig eingebracht und in Ordnung?

I. Klarmachen zum Abflug

Triebwerküberwachungsgeräte: Anzeigegeräte erst nach Anlaufen der Motoren prüfen.

9. Ausrüstung

Flugüberwachungs- und Navigationsgeräte: Siehe die Vorschriften der Herstellerfirmen.

Hydraulische Anlage: Leitungen der hydraulischen Motorspreizklappen-Betätigung dicht?

Rettungs- und Sicherheitsgeräte: Sanitätspack und Sanitätstasche eingebracht und in Ordnung? Seenot- und Seeausrüstung vollständig und in Ordnung? Trinkwasserbehälter im Raum 4 frisch aufgefüllt? Handfeuerlöscher im Raum 4 betriebsbereit? Höhenatmerkoffer eingebracht und in Ordnung?

Seenotverständigungsgerät: Leuchtpistolen und Kasten mit Leuchtmunition eingebracht? Inhalt des Notsignalbehälters im Raum 7 vollständig? Hilfsaggregat im Raum 4 betriebsklar?

Beim Einsatz in den Tropen, Tropenausrüstung eingebracht und vollständig? (Vergl. II. D. 8. Tropeneinsatz.)

Elektrische Anlage: Selbstschalter in der Hauptschalttafel soweit erforderlich eingeschaltet. (Wenn bei Baureihe T-2 die Selbstschalter der Behälterpumpen und des Hilfsaggregats eingeschaltet werden müssen, ist in den nachstehenden Ausführungen besonders erwähnt.)

Bordnetz einschalten:
Baureihe T-1 = Hauptschalter (roter Knopf an Spant 8 oben)
Baureihe T-2 = Selbstschalter in der Hauptschalttafel. (Bei ausgeschaltetem Selbstschalter „Anlaßanlage" leuchtet die Merkleuchte „Anlaßanlage" in der Hauptschalttafel auf.)

Kurz überprüfen:
Scheinwerfer (Spant 6 links) und Staurohr (Hauptschalttafel) einschalten, Spannung darf dabei nicht unter 24 Volt sinken. Beleuchtung und Geräte erst bei laufenden Motoren prüfen.

Verstaubte Spiegel des Scheinwerfers mit einem Haarpinsel abstauben, grobe Verunreinigungen mit einem weichen Lappen entfernen. Der Spiegel darf dabei nicht beschädigt werden. Glühlampen, deren Glas nach längerem Betrieb schwarz wurde, auswechseln.

Es ist zu prüfen, ob sich die Staurohre bei eingeschalteter Heizung erwärmen. Schauzeichen beachten.

Bordfunkanlage: Siehe Bedienungsvorschrift-Fu.

10. **Zuladung** Die Bedingungen der **Beladevorschrift** müssen erfüllt sein. Behelfsmäßig mitgeführte Lasten müssen so verstaut sein, daß eine unbeabsichtigte Verlagerung während des Fluges unmöglich ist.

D. Anlassen, Warmfahren und Abbremsen der Motoren

1. **Vorbereitungen zum Anlassen**
   a) An Land: Räder des Aufschleppwagens durch Bremsklötze sichern.
   Im Wasser: Flugboot am Heck-Sliphaken festmachen.
   b) Löschgerät für Kraft- und Schmierstoffbrände bereithalten.
   c) Zum Anlassen mit Außenbordstromquelle Batteriewagen heranfahren und Leitung ins Flugboot durch die Einstiegöffnung verlegen.
   d) Schmierstoffkühlerklappen schließen (Hebel in der Bedientafel des Raumes 4).
   e) Motorspreizklappen schließen — Drehsteuerschalter in der Bedientafel des Raumes 4 in Stellung „Zu" und Handpumpe (bei Spant 12 links Raum 4) betätigen.
   f) Luftschrauben auf 12^{00} Uhr stellen (Verstellschalter an der Führerraumdecke).
   g) Luftschraube bei ausgeschalteter Zündung und Gashebel in Leerlaufstellung 1—2mal durchdrehen, um beim Anspringen des Motors Ölschläge zu vermeiden.
   h) Bei tiefen Außentemperaturen Überdruckventil der Kühler durch Niederdrücken des Hebels vor der Brandwand

anheben (Schmierstoff umgeht den Kühler und fließt direkt zum Behälter zurück) und warmen Schmierstoff auffüllen.

i) Klappe des Laderansaugschachtes auf Außenluft — Hebel an der Führerraumdecke bei Spant 8 auf Stellung „ungefiltert", bei unreiner Luft (sandgeschwängert) bzw. Gefahr auftretender Staub- und Sandwolken auf Stellung „gefiltert".

k) Laderschalthebel auf „Bodenlader" (an der Decke bei Spant 8).

2. Anlassen mit Außenbordstrom

a) Hauptschalter auf „Aus" (Merkleuchte „Anlaßanlage" bei Baureihe T-2 erlischt).

b) Außenbordstromquelle anschließen: Stecker zuerst am Flugboot und dann erst am Batteriewagen anschließen (Merkleuchte „Anlaßanlage" bei Baureihe T-2 leuchtet auf).

c) Schalter an der linken Bordwand neben der Führerhauptgerätetafel bei Spant 6 in Stellung „Starter" bringen. (Fällt bei Baureihe T-2 weg.)

d) Hebel der Rückschlagventile in den Kraftstoffstummelleitungen auf „Flugstellung".

e) Brandhahnhebel auf „P 1 + P 2 auf" (links vom linken Führersitz).

f) Kraftstoffwählhebel auf Stellung „I" (im Raum 4 bei Spant 13 rechts unten).

g) Elektrische Kraftstoff-Förderpumpen im Raum 4 einschalten (Schalter bei Spant 12 rechts oben).

h) Mit der Kraftstoffhandpumpe (Hebel in der Bedientafel des Raumes 4) einen Druck von 0,43 bis 0,50 atü pumpen.

i) Gashebel etwas über Leerlaufstellung.

k) Überzeugen, ob Luftschraubenkreis „Frei" (Unfallgefahr!).

l) Zündschalter auf „M1 + M2" (in der Führergerätetafel).

m) Anlasserwahlschalter auf den anzulassenden Motor schalten.

    Baureihe T-1: Anlasserwahlschalter in der Hauptschalttafel links unten

Baureihe T-2: Anlasserwahlschalter in der Hauptschalttafel links oben.
n) Anlaßschalter ungefähr 10 Sekunden drücken, bis die Schwungmasse des Anlassers die volle Drehzahl erreicht hat*).
Baureihe T-1: Anlaßschalter unter dem Wahlschalter.
Baureihe T-2: Anlaßschalter links vom Wahlschalter.
o) Anlaßschalter herausziehen, dadurch Kuppeln des Anlassers mit dem Motor. Hierbei
p) bei Außentemperaturen unter 0° C und kaltem Motor mit 12 bis 15 Stößen der Handeinspritzpumpe (Bedientafel Raum 4) Anlaßkraftstoff einspritzen und den Anreicherungszug ziehen. (Gelbe Zugknöpfe innerhalb der Triebwerksverkleidung des mittleren Motors nach Öffnen der Klappe an der Unterseite der Verkleidung hinter der Brandwand zugänglich.)

Ist der Motor nicht angesprungen, dann vor jedem erneuten Anlaßversuch einige Minuten warten, bis der Anlasser zur Ruhe gekommen ist. Mehrfaches Anlassen in kurzen Zeitabständen führt zu Wicklungsschäden des Anlassermotors infolge Überhitzung.

Außenbordanschluß wieder abnehmen (bei Baureihe T-2 erlischt Merkleuchte in Hauptschalttafel) und Einstiegdeckel schließen, nachdem alle drei Motoren angelassen sind.

Hauptschalter wieder einschalten. Bei Baureihe T-2 Merkleuchte „Anlaßanlage" leuchtet auf.

3. Anlassen mit Bordstrom

Anlassen mit Bordstrom ist nach Möglichkeit zu vermeiden (zwecks Schonung der Bordstromsammler).
Vorgänge wie beim Anlassen mit Außenbordstromquelle, jedoch muß es unter a) heißen:
a) Hauptschalttafel der Bordnetzanlage auf „Ein".

---

*) Bei Kälte unter —10° C darf der Anlaßschalter höchstens 10 sec lang zum Hochdrehen der Schwungmasse gedrückt werden. Dann ist bei ausgeschalteter Zündung zu kuppeln. Erst nach dreimaliger Durchführung dieses Vorganges darf der Anlasser voll aufgezogen und die Zündung eingeschaltet werden, um die weiteren Anlaßvorgänge durchzuführen. Vor jedem wiederholten Drücken des Anlaßschalters ist zu warten, bis der Anlasser zur Ruhe kam.

I. Klarmachen zum Abflug

Baureihe T-2: Merkleuchte „Anlassen" in Hauptschalttafel leuchtet auf.

Wenn Bordstrom nicht ausreicht, Zusatzstromversorgung durch Einschalten des Hilfsaggregates „Gefinal" herstellen. Siehe „II. Flugbetrieb — D. Verhalten in Sonderfällen — 3. Betrieb des Hilfsaggregates.

4. Anlassen mit Hilfsaggregat „Gefinal"

<u>Diese Angaben gelten bei Kaltstart nicht, siehe besondere „Kaltstartbetriebsanweisung".</u>

5. Warmfahren

a) Die Schmierstoffdruckmesser müssen wenige Sekunden nach dem Anlaufen der Motoren einen Druck anzeigen, sonst abstellen, Ursache feststellen und beheben.

b) Motor mit 1000 bis 1200 U/min bis zu einer Schmierstofftemperatur von 30° C warmlaufen lassen, dann erst Drehzahl allmählich auf 1400 U/min steigern. Während des Warmlaufens darf kein plötzliches Steigen der Schmierstofftemperatur eintreten, sonst Motor abstellen und Schmierstoffanlage nachsehen. Gegebenenfalls Anschlüsse auf Dichtheit prüfen.

c) Schmierstoffkühlerklappen und Motorspreizklappen erst bei Erreichung einer Schmierstofftemperatur von 60° C so weit öffnen, daß die Temperatur von 60 bis 70° C nicht überschritten wird.

d) Drehzahl auf 1400 U/min halten, Brandhahnhebel einmal auf „P 1", dann auf „P 2" schalten. In Stellung „P 1" Kraftstoffwählhebel (Spant 13 rechts unten) einmal auf Stellung II und Stellung III umlegen, wobei gleichzeitig in Stellung II die elektrische Förderpumpe 2, in Stellung III die elektrische Förderpumpe 1 abzuschalten ist.

In keinem Fall darf ein Drehzahlabfall, unruhiger Lauf oder Schwanken des Kraftstoffdruckes bemerkbar sein. Treten jedoch derartige Erscheinungen auf, Motor abstellen und Kraftstoffanlage überprüfen.

e) Zündschalter zuerst auf „M 1", dann auf „M 2". Drehzahlabfall darf nicht größer als 40—60 U/min sein, sonst Kerzen prüfen.

I. Klarmachen zum Abflug

6. Prüfungen während des Warmfahrens

a) **Elektrische Anlage**
1. Hauptschalter auf „Ein".
2. Einschalten sämtlicher Gerätebeleuchtungen.
3. Einschalten der Raumbeleuchtung.
4. Einschalten der Kenn- und Verbandslichter (Führergerätetafel), Scheinwerfer (Spant 6 links), Scheibenwischer, Staurohrheizung und Außenbeleuchtung (Hauptschalttafel).
5. Überprüfen der Fernkompaßanlage:
    Anzeige des Tochterkompasses durch Einschalten der Anlage prüfen. Bei richtiger Spannung darf die Abweichung höchstens ±1° sein. Die Werte müssen ferner unter Berücksichtigung der beiden Deviationen bis auf durch Schräglage oder in der Nähe befindliche Eisenmassen verursachte Abweichungen von höchstens 5° übereinstimmen.
6. Bei ausgeschaltetem Hauptschalter, Stromerzeuger mit dem zwischengeschalteten Stromspannungsmesser prüfen. (Strommessung bei eingeschalteten Verbrauchern.)
7. Luftschraubenverstellung prüfen.

b) **Sogluftanlage**
Am Sogmesser in der Führergerätetafel rechts bzw. links die Sogluftleistung feststellen. Sie muß bei einer Motordrehzahl von etwa 2200 U/min mindestens 1400 mm WS betragen.

7. Abbremsen

Diese Angaben gelten bei Kaltstart nicht, siehe besondere „Kaltstartbetriebsanweisung".

Beim Abbremsen eines auf dem Land abgestellten Flugbootes ist für eine sichere Befestigung desselben zu sorgen. Das Anhängen des Flugbootes an den Sliphaken beim Abbremsen im Wasser ist verboten. Entweder wird beim Rollen abgebremst oder man läßt das Boot gegen eine Brücke anlaufen (geeignete Pallungen und Beschweren der Stummel).

Gashebel langsam auf Steigleistung vorschieben. Drehzahl, Ladedruck, Schmierstoff- und Kraftstoffdruck sowie Schmierstofftemperaturen überprüfen.

I. Klarmachen zum Abflug

Luftschraubenstellung	12^{00} Uhr
Ladedruck	1,5 ata
Drehzahl	2500 U/min
Schmierstoffdruck	6 bis 8 atü
Kraftstoffdruck	1,0 bis 1,5 atü
Schmierstoffeintritt	80° C max.

Der Motor darf am Stand nicht länger als ½ Minute mit einem Ladedruck von 1,25 ata laufen! Deshalb Zündung und Kraftstoffpumpenschaltung während des Warmfahrens bei niedriger Drehzahl prüfen.

Gashebel langsam auf Leerlauf zurückziehen.

A ch t u n g ! Motor nicht unnötig lang im Leerlauf lassen, da sonst Zündkerzen verrußen.

8. Kaltstart

Kaltstart ist nur möglich, wenn das Flugboot dafür vorbereitet ist (siehe unter „III. Wartung — Kaltstartvorbereitung").

Das Flugboot muß entsprechend gekennzeichnet sein.

Der Kaltstart erfolgt nach den Angaben der besonderen „**Kaltstartbetriebsanweisung**".

9. Abstellen der Motoren

Motoren vor dem Abstellen noch einige Minuten leer laufen lassen, um eine langsame Abkühlung zu erreichen.

Bei Kaltstartvorbereitung vor dem Abstellen mehrmals Ladedruck wechseln, um eine Durchspülung der Regelung zu erreichen.

Motoren vor dem Abstellen etwa 20 Sekunden auf 1000 U/min bringen, dann durch Schließen der Brandhahnhebel abstellen. Wenn Motoren stehen, Zündung ausschalten.

Durch das Schließen der Brandhähne werden auch die Einspritzpumpen <u>mit</u> abgestellt (Schnellstop).

Bordnetz ausschalten.

    Baureihe T-1: Hauptschalterbetätigung oben bei Spant 8.

    Baureihe T-2: Ferntrennschalter in der Führergerätetafel.

Ein Abstellen der Motoren bei zu heißem Schmierstoff ist schädlich und daher zu unterlassen.

Bei kalter Witterung Motoren für kürzere Zeit nicht abstellen, sondern mit 800 U/min weiterlaufen lassen. Über das etwaige Ablassen von Schmierstoff siehe unter „III. Wartung".

E. Flugklarmeldung

Meldung:
Erster Wart

Die folgenden Punkte müssen vor Antritt eines Fluges unbedingt erfüllt sein. Sie stellen Mindestforderungen dar und sollen einen Überblick über den einsatzfähigen Zustand des Flugbootes geben.

1. Alle Feststellvorrichtungen, Verankerungsseile und Abdeckbezüge entfernt.
2. Schleppseile weggenommen.
3. Bootsbilgen und Stummel lenz.
4. Sämtliche Klappen und Deckel an Zelle und Triebwerk fest.
5. Sanitätstasche und Sanitätspack eingebaut und verschlossen.
6. Kraft- und Schmierstoffleitungen dicht.
7. Schmierstoffbehälter je ... Liter (höchstens je 140 Liter).
8. Zwei Kraftstoffbehälter je ... Liter
9. Zwölf Stummelbehälter randvoll zusammen ... Liter } je nach Bedarf
10. Behälter für Hilfsaggregat gefüllt.
11. Einspritzbenzinbehälter gefüllt.
12. Behälter der Spreizklappenbetätigungseinrichtung gefüllt und Betätigungseinrichtung betriebsbereit.
13. Trinkwasserbehälter frisch gefüllt.
14. Elektrische Behälterpumpen fördern.
15. Filterbrandhahnpumpen fördern.
16. Kraftstoffumschaltung in Ordnung.
17. Filterbrandhähne arbeiten, 6 Stellungen je 15 Sekunden geprüft.
18. Zündung geprüft, Drehzahlabfall ... U/min.
19. Luftschraubenverstellung in Ordnung.

I. Klarmachen zum Abflug

20. Gashebel voll gängig.
21. Beim Abbremsen Betriebswerte erreicht (Drehzahlen, Ladedruck usw.).
22. Laderumschaltung gängig.
23. Zwei volle CO_2-Flaschen für Kraftstoffschnellablaß vorhanden.
24. Schnellablaßbetätigung betriebsfähig.
25. Seenot- und Seeausrüstung vollständig.
26. Beide Leuchtpistolen eingesetzt, Munition verstaut.
27. Die je 13 Motorbockanschlüsse fest und gesichert.
28. Kurssteuerung durchgeprüft und in Ordnung.
29. Steuerzüge und Steuerstangen, soweit sichtbar in gutem Stand. Desgleichen Verstellwellen.
30. Leitwerk bei Besichtigung gut befunden.
31. Ruderlager alle gesichert, Gegenmutter gesichert.
32. Querruder und Landeklappe ohne Schäden, Landeklappe schließt.
33. Quer-, Höhen- und Seitenruder leicht gängig, sinngemäßen Anschlag.
34. Landeklappe betriebsklar.
35. Querruder bei ausgefahrener Landeklappe voll gängig.
36. Bordstromsammlerspannung mindestens 24 Volt.
37. Beide Generatoren arbeiten.
38. Schußwaffen durch Waffenwart nachgesehen.
39. Bordwerkzeug vorhanden.
40. Beladung überprüft, soweit nötig festgezurrt.
41. Nachrichtenanlage klar.
42. Tropenausrüstung vollständig.

II. Flugbetrieb

A. Allgemeine Angaben

Der Einstieg der Besatzung erfolgt durch die Bootsluke **1. Einstieg** zwischen Spant 11 und 12 rechts.

Deckel öffnen und nach oben stellen.

Schließen der Luke durch Zuklappen des Deckels und Drehen des Handgriffes in der markierten Richtung.

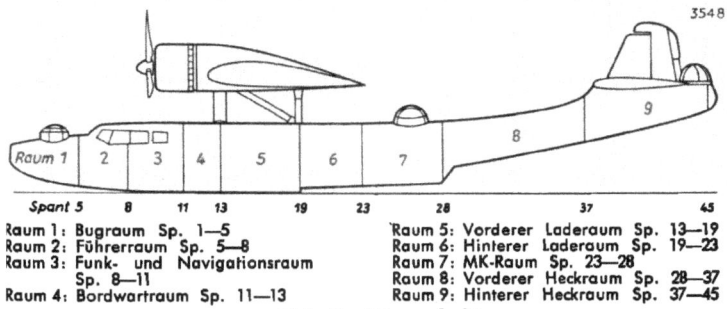

Raum 1: Bugraum Sp. 1—5
Raum 2: Führerraum Sp. 5—8
Raum 3: Funk- und Navigationsraum Sp. 8—11
Raum 4: Bordwartraum Sp. 11—13
Raum 5: Vorderer Laderaum Sp. 13—19
Raum 6: Hinterer Laderaum Sp. 19—23
Raum 7: MK-Raum Sp. 23—28
Raum 8: Vorderer Heckraum Sp. 28—37
Raum 9: Hinterer Heckraum Sp. 37—45

Abb. 1. Längsschnitt

Ausrüstung der Besatzung: Fallschirme, Hörkappen **2. Aus-** sowie Gasmasken. **rüstung**

Zum Anschnallen hat die Besatzung Bauchgurte.

Der Bauchgurt für den Heck- und MK-Schützen, welche beim Start und der Landung sich im Führer- bzw. Funkraum aufhalten, ist in diesen Räumen untergebracht.

Zum Anschnallen des Schützen im Heckraum ist ein Stehgurt vorgesehen.

Anschlußleitungen mit Brechkupplungen für die Hörkappen

    des Bugschützen   bei Spant 5 rechts,
    des Führers   am Spant 8 links,
    des Beobachters   am Spant 8 rechts,
    des Funkers   bei Spant 9 und 11 links (bei T-2 an Funkergerätetafel),
    des MK-Schützen   zwischen Spant 26 und 27 rechts (bei T-2 an der Lafette der MK).

Ab T-2 eine Reserve-Kupplung an Spant 19 links.

Geräteanordnung im Führerraum

Führergerätetafel Baureihe T-1

1 Sogdruckmesser
2 Bediengerät FuG XXV
3 Variometer
4 Fahrtmesser
5 Wendezeiger
6 Schauzeichen für Staurohrheizung
7 Verstellknopf für Belüftungsklappe
8 Kurszeiger
9 Merkleuchte für Landeklappe
10 Scheibenwischer
11 Höhenmesser
12 Anzeigegerät für Funknavigation
13 Hauptschalter der Kurssteuerung
14 Luftschraubenverstellanzeiger (dreifach)
15 Horizont
16 Tochterkompaß
17 Sogmesser
18 Borduhr
19 Drehzahlmesser (dreifach)
20 Ladedruckmesser (dreifach)
21 Ablenkungstabelle
22 Notzug der Kurssteuerung
23 Fernkurskreisel
24 Zündschalter (dreifach)
25 Umschalthahn (Druck)
26 Umschalthahn (Sog)
27 Schalter „UV-Beleuchtung"
28 Schalter „Kennlichter"
29 Schalter „Buglicht"
30 Schalter „Verbandslichter"

Führergerätetafel Baureihe T-2

1 Sogdruckmesser
2 Bediengerät FuG XXV
3 Variometer
4 Schalter für Scheinwerfer
5 Schalter für Kompaßbeleuchtung
6 Fahrtmesser
7 Wendezeiger
8 Schauzeichen für Staurohrheizung
9 Verstellknopf für Belüftungsklappe
10 Kurszeiger
11 Merkleuchte für Landeklappe
12 Scheibenwischer
13 Höhenmesser
14 Anzeigegerät für Funknavigation
15 Netzausschalter
16 Luftschraubenverstellanzeiger (dreifach)
17 Horizont
18 Tochterkompaß
19 Sogmesser
20 Drehzahlmesser (dreifach)
21 Ladedruckmesser (dreifach)
22 Ablenkungstabelle
23 Notzug der Kurssteuerung
24 Fernkurskreisel
25 Zündschalter (dreifach)
26 Umschalthahn (Druck)
27 Umschalthahn (Sog)
28 Schalter „Heizung Fernkurskreisel"
29 Schalter „UV-Beleuchtung"
30 Schalter „Kennlichter"
31 Schalter „Buglicht"
32 Schalter „Verbandslichter"

Do 24 T-1 (Tp), T-2 (Tp)
Bed. Vorschrift-Fl

II. Flugbetrieb

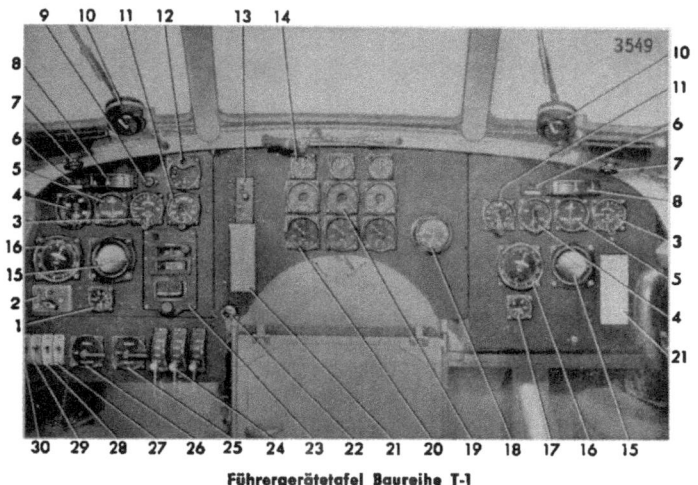

Führergerätetafel Baureihe T-1

Führergerätetafel Baureihe T-2

Abb. 2. Geräteanordnung im Führerraum

Geräteanordnung im Bordwartraum rechts

1 Anschlußstutzen (7 fach) für den Saugschlauch der Lenzpumpe
2 Hilfsaggregat
3 Kraftstoffvorratsbehälter für Hilfsaggregat
4 Saugschlauch der Lenzpumpe
5 Lenzpumpe
6 Druckschlauch der Lenzpumpe
7 Elektr. Außenbordanschluß, zwei Schalter für die Kraftstoff-Förderpumpen am Bootsboden, Steckdose für den Anschluß des Umpumpaggregats
8 Umpumpaggregat
9 Dreiwegehahn
10 Kraftstoff-Handförderpumpe
11 Dreiwegehahn
12 Kraftstoffwählhebel

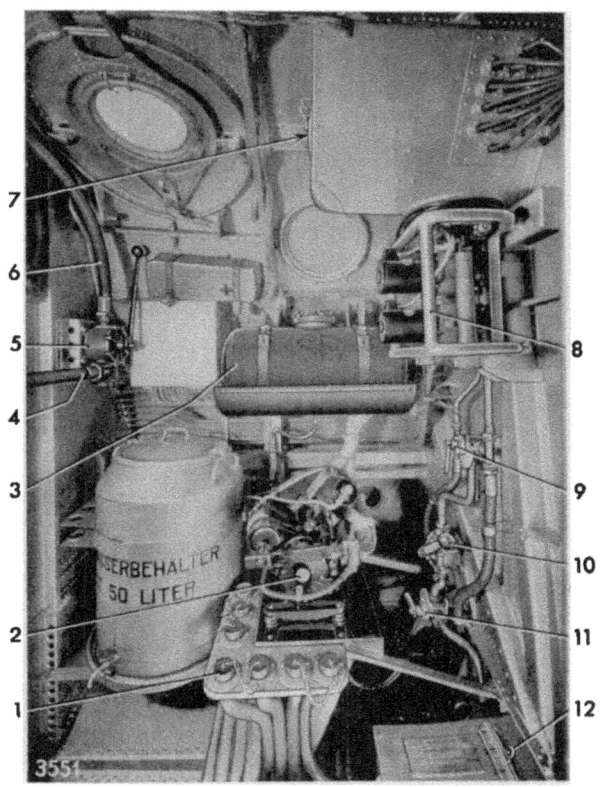

Abb. 3. Geräteanordnung im Bordwartraum rechts

Bedientafel im Raum 4 links

1 Kontrollhähne der Kraftstoff-Druckmeßleitungen
2 Schmierstoffkühlerklappen-Verstellhebel (dreifach)
3 Hebel der Brandhahnpumpe (dreifach)
4 Schmierstofftemperatur-Anzeiger (dreifach)
5 Kraftstoff-Schmierstoff-Druckmesser (dreifach)
6 Kraftstoff-Vorratsanzeiger (fünffach)
7 Umschalter der Kraftstoff-Vorratsanzeigegeräte
8 Zylinder-Temperaturanzeiger
9 Umschalter für Zylinder-Temperaturanzeiger
10 Außenluft-Temperaturanzeiger
11 Borduhr
12 Steuerschalter der Motorspreizklappenbetätigung (dreifach)
13 Anlaßkraftstoff-Behälter
14 Anlaßkraftstoff-Einspritzpumpe (dreifach)
15 Bordstromsammler

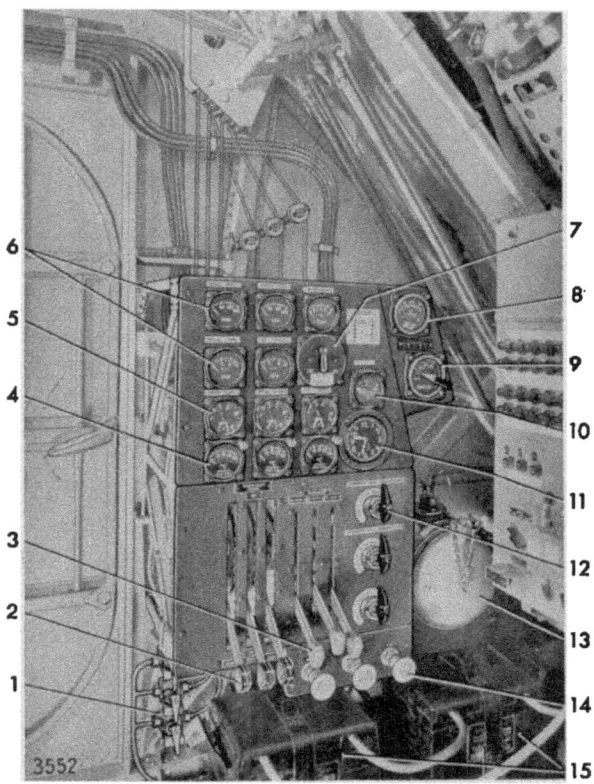

Abb. 4. Bedientafel im Raum 4 links

Hauptschalttafel im Raum 4 links

Hauptschalttafel Baureihe T-1

1 Anlaßschalter
2 Wahlschalter der Anlasser
3 Selbstschalter für Stromerzeuger
4 Selbstschalter für Hilfsaggregat
5 Sicherungen
6 Druckscheibe „Anlassen" Hilfsaggregat
7 Druckscheibe „Abstellen" Hilfsaggregat
8 Druckknopf Anlaßventil (EMAV)
9 Selbstschalter „Ankerfeuer"
10 Schalter „Heizung für Seitenruderdämpfung" (nicht eingebaut)
11 Merkleuchte „Hilfsaggregat"
12 Merkzeichen „Hauptschalter"
13 Schalter für Kraftstoffbehälterpumpen
14 Hornschalter
15 Schalter „Gerätebeleuchtung Raum 4"
16 Schalter „Außenbeleuchtung"
17 Schalter „Staurohr rechts"
18 Schalter „Staurohr links"
19 Beleuchtung Raum 4
20 Verdunkler Gerätebeleuchtung Raum 4
21 Stromspannungsmesser
22 Strommesser f. Generator links und Mitte
23 Glimmlampe (Spannungsbegrenzung)

Hauptschalttafel Baureihe T-2

1 Selbstschalter
2 Schalter „Reserve"
3 Schalter „Gerätebeleuchtung Raum 4"
4 Schalter „Außenbeleuchtung"
5 Schalter „Beleuchtung Raum 4"
6 Schalter „Staurohr rechts"
7 Schalter „Staurohr links"
8 Anlaßschalter
9 Wahlschalter der Anlasser
10 Strommesser Generator links
11 Strommesser Generator Mitte
12 Strommesser Batterie
13 Netzspannungsmesser
14 Strommesser Hilfsaggregat
15 Verdunkler Gerätebeleuchtung Raum 4
16 Druckknopf Signalhorn
17 Druckscheibe Hilfsaggregat „Anlassen"
18 Druckscheibe Hilfsaggregat „Abstellen"
19 Merkleuchte Hilfsaggregat
20 Merkleuchte Anlaßanlage
21 Selbstschalter „Hilfsaggregat"
22 Selbstschalter „Anlaßanlage"
23 Selbstschalter „Batterie"
24 Selbstschalter „Generator Mitte"
25 Selbstschalter „Generator links"
26 Glimmlampe (Spannungsbegrenzung)

II. Flugbetrieb

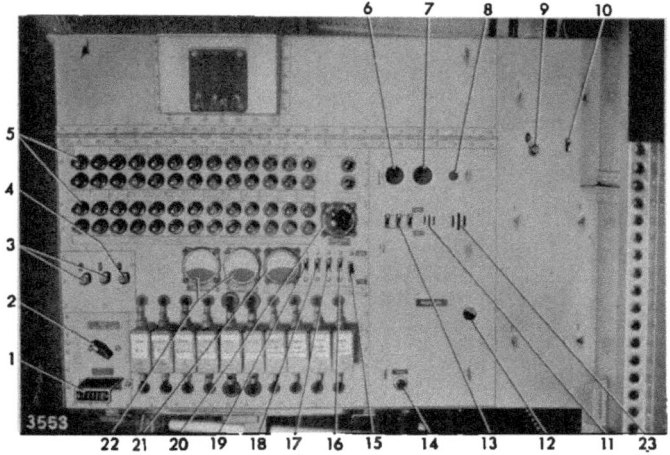

Hauptschalttafel Baureihe T-1

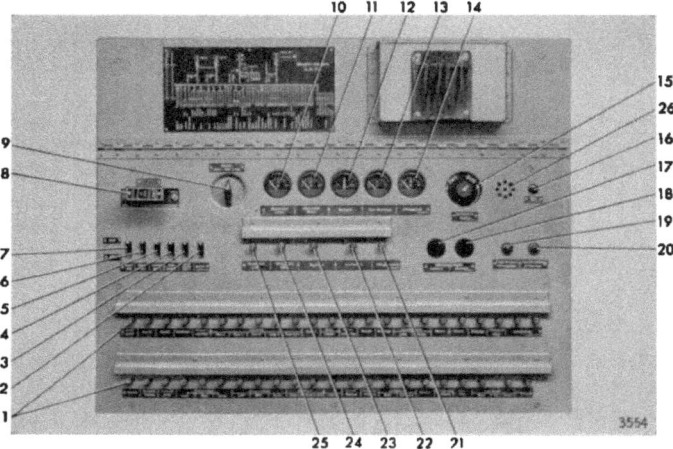

Hauptschalttafel Baureihe T-2

Abb. 5. Hauptschalttafel im Raum 4 links

3. Führersitz und Pedaleinstellung

Führer und Beobachtersitz sind in der Höhe und der Längsrichtung verstellbar. Verstellung in der Höhe durch Betätigung des Hebels an der Innenseite, Verstellung in der Längsrichtung durch Ziehen des roten Ringes an der Innenseite des Sitzrahmens hinter den Sitzen. Seitenruderpedale nach Beinlänge einstellen. (Handgriffe an der Rückseite der Rollschuhe.)

4. Geräteanordnung

Die Geräteanordnung im Führer- und Bordwartraum ist auf den Abb. 2 bis 5 dargestellt und bezeichnet.

Die Höhensteuerbewegung der rechten Steuersäule kann mit dem Hebel an der rechten Bootswand bei Spant 7 abgeschaltet werden. Bei Nichtbenützung der rechten Steuersäule ist diese stets unten an der Führergerätetafel festzulegen.

5. Allgemeine Flugeigenschaften

Das Flugboot ist ausreichend stabil um alle Achsen und voll blindflugtauglich. Die Wirkung aller Ruder ist gut und im normalen Anstellwinkelbereich des Flugbootes für jeden Flugzustand ausreichend.

Das Flugboot ist schwer zu überziehen. Im Leerlauf ohne Klappen kippt das Flugboot bei etwa 90 km/h plötzlich ohne Ankündigung ab. Durch Nachdrücken kehrt das Flugboot sofort wieder in seine Normallage zurück.

Die Abflug- und Landeeigenschaften des Flugbootes sind gut. Das Flugboot kann Rücken- und Seitenwind ertragen und geht auch bei starkem Rückenwind und voller Zuladung auf Stufe. Infolge hoher Ruderkräfte ist auf genaue Einstellung der Höhentrimmung (ca. $+2,5°$) beim Start zu achten.

B. Vorbereitungen zum Abflug

1. Kraftstoffschaltung

Entsprechend dem jeweiligen Einsatz vorliegenden Verhältnissen ist eine der folgenden Kraftstoffschaltungen vorzunehmen.

a) Mit getankten Stummelbehältern:
 1. Steuerbare Rückschlagventile (Spant 19 links unten) in „Flugstellung".

2. Elektrische Förderpumpen (Raum 4) einschalten (Spant 12 rechts oben).
3. Kraftstoffwählhebel (Spant 13 rechts unten) auf Stellung I.
4. Kraftstoffbehälterpumpen einschalten (Hauptschalttafel).

   Baureihe T-1: Kippschalter in der Hauptschalttafel.
   Baureihe T-2: Selbstschalter in der Hauptschalttafel.

b) Ohne getankte Stummelbehälter:

1. Kraftstoffbehälterpumpen einschalten.

a) Höhenmesser auf Höhe des Abflugplatzes über NN einstellen.

b) Bei großer Luftfeuchtigkeit, Temperaturen um und unter 0° C, Nebel usw. Staurohrheizung einschalten (Hauptschalttafel).

c) Kraftstoff-Druckmeßleitungen durch kurzes Öffnen der Kontrollhähne hinter der Bedientafel des Raumes 4 entlüften, worauf der Druck auf 0,2 kg/cm² abfällt und beim Schließen der Hähne sofort wieder ansteigt.

2. Einstellen von Geräten

Das Flugboot entspricht mit seinen Eigenschaften auf dem Wasser durchaus den bekannten Dornier-Stummelbooten.

Seine Manövrierfähigkeit auf dem Wasser ist besser (seitliche Motoren!). Rollen ab Seegang 4 und über 14 m/sec Wind nur beschränkt möglich. Wasserberührung mit der Tragflächenspitze nicht kritisch.

Bei Wind empfiehlt es sich, mit dem mittleren Motor zu rollen und mit dem Querruder zu steuern. Bei Windstille ist es zweckmäßig, wenn vorhanden, je einen Treibanker von den Stummeln nach hinten auszulegen und mit den Außenmotoren zu rollen. Hierdurch manövriert das Flugboot fast auf der Stelle.

3. Rollen zum Abflug

⚓ Motorspreizklappen öffnen.

C. Flug

1. Abflug

Start mit nur 3 Motoren zulässig. Zum Start mit nur 2 Motoren ist die besondere Erlaubnis der zuständigen Dienststelle erforderlich.

Bei Kaltstart gelten die Angaben der besonderen „Kaltstartbetriebsanweisung".

Sämtliche Ruder sind nochmals zu betätigen, ob sie sich frei bewegen lassen (Feststellvorrichtungen).

Für den Abflug je nach Schwerpunktlage sind einzustellen:

Höhentrimm- und Ausgleichsruder auf $+2,5°$ bis $+5°$
Seitentrimm- und Ausgleichsruder auf $0°$
Landeklappe normal . . . . $0°$
Landeklappe bei Seegang und erhöhtem Abfluggewicht auf . . . . $20°$

Landeklappe durch Drücken des Landeklappenschalters in der Mitte des Führeraufbaues bei Spant 7 in Richtung „Aus" solange ausfahren, bis die Anzeigevorrichtung links vom Führersitz $20°$ anzeigt. Dann Schalter loslassen. Mit Beginn des Ausfahrens der Landeklappe muß gleichzeitig die Kontroll-Lampe in der Führergerätetafel links aufleuchten.

> Bei Störung der elektrischen Landeklappenbetätigung ist die Knarre der Handbetätigung bei Spant 19 herauszuziehen. Der Druckknopf des an Spant 19 gelagerten Sicherheitsschalters wird entlastet, springt heraus und der Betätigungsstromkreis des Getriebemotors wird unterbrochen. Knopf des Handgriffes der Knarre in Stellung „Ausfahren" verdrehen. Knarre jetzt solange betätigen, bis die am Spant 19 vorgesehene Anzeigevorrichtung „$20°$" anzeigt.

Luftschrauben auf 12^{00} Uhr.

Motorspreizklappen öffnen.

Schmierstoffkühlerklappen entsprechend den Schmierstofftemperaturen stellen.

Beim Abflug, besonders bei Nacht, auf richtige Trimmung achten, Horizont und Wendezeiger beobachten.

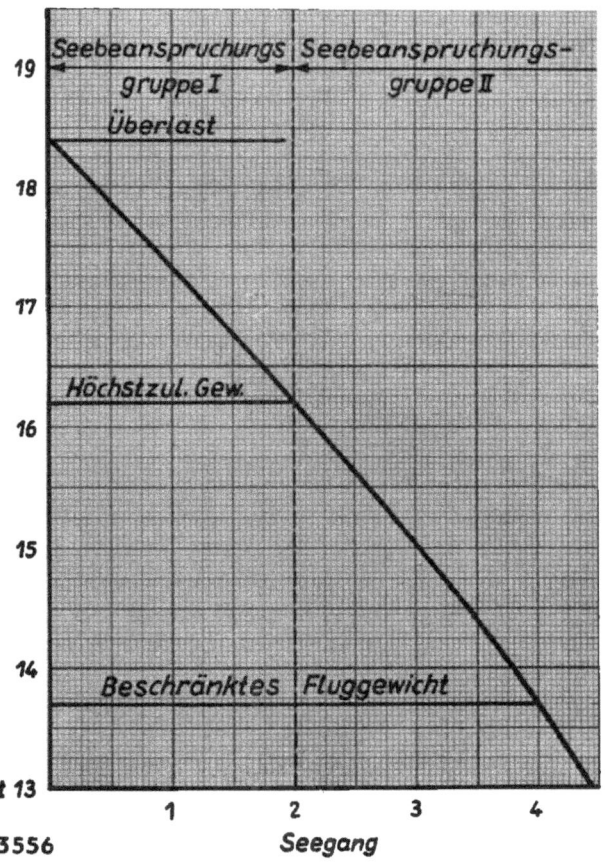

Abb. 7. Zulässige Gewichte und Seegang

II. Flugbetrieb

Abflug mit Startleistung

Gashebel über die Raste bis zum Anschlag vorschieben. Startleistung 1,5 ata = 2500 U/min.

> Nach spätestens 1 min Ladedruck auf 1,25 ata = 2250 U/min (Steig- und Kampfleistung) zurücknehmen. Nach spätestens 30 Minuten auf Dauerleistung — 1,10 ata = 2100 U/min — drosseln.

Abhebegeschwindigkeit bei
13700 kg Abfluggewicht = etwa 120 km Anzeige.

Luftschrauben während des Starts so verstellen, daß die dem Ladedruck von 1,5 ata entsprechende Drehzahl von n = 2500 U/min nicht überschritten wird.

Höchstgeschwindigkeit bei ausgefahrener Landeklappe = 180 km.

2. Steigflug

a) Landeklappe

Sobald das Flugboot über alle Hindernisse in der Startrichtung klarkommt, ist die Landeklappe einzufahren.

Elektrisch: Schalter an der Decke des Führerraumaufbaues bei Spant 7.

Handbetätigung: Mit der Knarre bei Spant 19 in Stellung „Einfahren" des drehbaren Knopfes am Kopf des Handgriffes. Nach dem Einfahren der Landeklappe die Knarre am Spant 19 wieder einrasten.

Merkleuchte in der Führergerätetafel erlischt.

Mit dem Einfahren der Landeklappe ist das Flugboot auch auszutrimmen (siehe unter 4. Reiseflug).

b) Steiggeschwindigkeit

Die günstigste Bahngeschwindigkeit im Steigflug bei Volldruckhöhe liegt bei 175 bis 195 km/h Fahrtmesseranzeige, darüber langsam abnehmend bis etwa 175 km/h Anzeige in Gipfelhöhe.

> Bei Flugbooten ohne Motorspreizklappen darf diese jedoch nicht unter 200 km/h betragen (Motorkühlung).

c) Triebwerksbedienung

Im Steigflug höchstzulässige Werte für Ladedruck und Drehzahl: 1,25 ata und 2250 U/min. Beide Werte sind bis zur Volldruckhöhe durch Verstellen der Luftschraubensteigung aufeinander abzustimmen. Oberhalb der Volldruckhöhe ist allein die Drehzahl maßgebend.

Bei Überschreitung einer Flughöhe von 2600 m bzw. wenn der gewünschte Ladedruck nicht mehr gehalten werden kann, auf „Höhenlader" umschalten (Decke des Führerraumaufbaues bei Spant 8). Beim Zurückgehen unter 2600 m wieder auf „Bodenlader" schalten.

Temperaturen und Drücke der Motoren nach den Angaben der folgenden Abschnitte. Regulierung: Spreizklappen für Motorkühlung und Klappen für Schmierstoffkühlung.

3. Reiseflug

a) Zulässige Geschwindigkeiten

Flugzustand	Angezeigte Geschwindigkeiten km/h
Im Waagrechtflug	265
Im Gleitflug	370
Bei unsichtigem Wetter in Bodennähe	210
Bei Landeklappenbetätigung	180

b) Reichweiten, Drehzahlen

Bei Reichweitenflügen Ladedruck- und Drehzahlwerte beachten. Hierdurch ist größte Wirtschaftlichkeit und Erreichung größter Flugstrecken gewährleistet. Siehe vorläufige Reichweitentabelle der E-Stelle Travemünde.

Luftschraube so verstellen, daß die dem gewählten Ladedruck entsprechende Drehzahl nicht überschritten wird.

Die Drehzahl darf vorübergehend 2800 U/min nicht überschreiten.

Bei Motoren, die oberhalb des Spaltfilters noch nicht mit „N" oder „NN" gekennzeichnet sind, ist der Drehzahlbereich 1750 bis 1950 U/min zu vermeiden.

c) Temperaturregelung der Motoren

Für die Zylinder durch die hydraulisch verstellbaren Spreizklappen, welche, nach vorheriger entsprechender Schaltung der Drehsteuerschalter in der Bedientafel des Raumes 4, durch Betätigung der Pumpe im Raum 4, bei Spant 12 links, gesteuert werden.

Temperaturanzeige: Zylinder-Temperaturanzeiger in der Bedientafel des Raumes 4, nach vorheriger entsprechender Schaltung des Umschalters unter dem Anzeigegerät.

Höchstzulässige Zylindertemperatur = 240° C.

Für den Schmierstoff durch die von Hand verstellbaren Kühlerklappen, welche durch Betätigung des entsprechenden Hebels in der Bedientafel des Raumes 4 verstellt werden.

Temperaturanzeige: Schmierstoff-Temperaturmesser in der Bedientafel des Raumes 4 (Ein- und Austrittsmessung).

	Dauerbetrieb	**Vorübergehend**
Eintritt:	höchstens 80° C	90° C
Austritt:	höchstens 130° C	145° C

d) Kraftstoff- und Schmierstoffanzeigen

In die Bedientafel des Raumes 4 sind fünf Kraftstoffvorratsanzeiger eingebaut, und zwar je einer
    für einen Tragflächenbehälter,
    für den Stummelbehälter I,
    für den Stummelbehälter II,
    für die Stummelbehälter III und VI,
    für die Stummelbehälter IV und V,

an denen der jeweilige Inhalt dieser Behälter in Liter unmittelbar abgelesen werden kann.

Die Anzeiger geben jeweils nur den Inhalt der Behälter einer Bootsseite an, während bei entsprechender Betätigung des Umschalters neben den Anzeigegeräten der Inhalt der Behälter der anderen Bootsseite angezeigt wird.

Kraftstoffdruckmesser: 1,0 bis 1,5 ⎫ kg/cm^2 Bedientafel
Schmierstoffdruckmesser: 6 bis 8 ⎭   Raum 4

e) Kraftstoffversorgung

Jeder Motor entnimmt seinen Kraftstoff zur Hälfte aus dem linken und rechten Flächenbehälter. Durch entsprechende Betätigung der Brandhähne besteht jedoch die Möglichkeit, die einzelnen Motoren sowohl auf den linken und rechten Flächenbehälter allein zu schalten.

Die Förderung des Kraftstoffes wird durch in die Behälter eingebaute elektrische Kreiselpumpen unterstützt, an welche jeweils die Zuleitung über den rechten Brandhahn angeschlossen ist.

Durch Einschalten (Spant 12 rechts oben) der elektrischen Förderpumpen am Bootsboden bei Spant 12 rechts wird mit Beginn des Anlassens der Flugmotoren der Inhalt der Stummelbehälter in die Tragflächenbehälter gepumpt. Die Nachfüllung der Flächenbehälter ist durch eingebaute Füllhöhenbegrenzer (900 Liter) begrenzt. Nach Entleerung der Stummelbehälter sind die Förderpumpen wieder abzuschalten.

Bei entsprechender Schaltung (Wählhebel bei Spant 13 rechts unten) der am Bootsboden bei Spant 12 rechts angebauten Ventilbatterien kann der Kraftstoff wahlweise aus den Stummelbehältern rechts in den linken Flächenbehälter, aus den Stummelbehältern links in den rechten Flächenbehälter, oder in beide gleichzeitig (siehe Schaltschema der Kraftstoffanlage Abb. 6) gepumpt werden.

Bei Ausfall des elektrischen Bordnetzes bzw. der elektrischen Pumpen ist der Kraftstoff der Stummelbehälter mittels der Allweilerhandpumpe an Spant 13 umzupumpen. Der Wählhebel Spant 13 rechts unten ist dabei in Stellung IV zu rasten (siehe Abb. 6).

f) Trimmung

Zum Ausgleich der Lastigkeitsunterschiede und Giermomente sind die
Seiten- sowie Höhentrimm- und Ausgleichsruder zu verwenden, die durch entsprechendes Verdrehen ihres Verstellhandrades am Spant 8 links bzw. rechts vom linken Führersitz verstellt werden.

Verstellanzeige des Seitentrimm- und Ausgleichsruders an Spant 8 links über dem Verstellhandrad, des Höhentrimm- und Ausgleichsruders an der linken Bootswand bei Spant 7.

g) Flug bei Vereisungsgefahr

Staurohrheizungen rechtzeitig einschalten (Hauptschalttafel).

Luftklappe des Laderansaugschachtes auf Warmluft (Handgriff der Verriegelung am Hebelbock des Führeraufbaues bei Spant 8 in Stellung „Auf", dann Hebel der Klappenbetätigung kräftig bis zum Anschlag in Stellung „Notschaltung für Warmluft" drücken).

Achtung! Wenn die Luftklappe des Laderansaugschachtes einmal auf Warmluft geschaltet worden ist, muß sie bis zur Beendigung des Fluges in dieser Stellung verbleiben. Erst am Boden kann die Klappe wieder von Hand auf Außenluft geschaltet werden. Siehe hierzu die Angaben in Teil 7 des Flugzeug-Handbuches Do 24 T-1 (Tp), T-2 (Tp).

4. Nachtflug

Es sind einzuschalten:

Im Bugraum:

Kompaßbeleuchtung ⎫ Schaltertafel
Gerätebeleuchtung ⎭ Spant 1 bis 2 rechts

Die Helligkeit der Geräte- und Kompaßbeleuchtung wird mittels je einem Verdunkler neben den Schaltern der Geräte geregelt.

Im Führerraum:

UV-Beleuchtung
Kennlichter
Buglicht
Verbandslichter ⎬ Hauptgerätetafel links
Heizung für Fernkurskreisel
  (nur bei Baureihe T-2)
Scheinwerfer (nur für Abflug und Landung
    Spant 6 links)

Gerätebeleuchtung   Führeraufbau
Kompaßbeleuchtung   Spant 6 links
Gerätebeleuchtung   Spant 7 links
   Verdunkler bei den Schaltern.

Im Funkraum:
Gerätebeleuchtung   Spant 10 links mit Verdunkler

Raum 4:
Gerätebeleuchtung   Hauptschalttafel mit Verdunkler

5. Flug mit Kurssteuerung

Die Kurssteuerung darf erst <u>nach</u> dem Abflug verwendet werden.

Die Bedienung der Kurssteuerung ist wie folgt:

1. Kurskreisel: a) Obere Rose nach Führertochterkompaß mittels Richtungsgeber auf anliegenden Kurs einstellen.
               b) Untere Rose mittels Knopf auf gleichen Kurs bringen. <u>Knopf herausziehen.</u>
2. Steuerung ein: Hauptschalter Ein. (Baureihe T-1 Führergerätetafel, Baureihe T-2 rechtes Horn der linken Steuersäule.)
3. Kursänderung: Nur mit Richtungsgeber.
4. Steuerung aus: Hauptschalter „Aus".

<u>Im Gefahrfall: Notzug ziehen!</u>

6. Landung

Die höchstzulässigen Landegewichte entsprechen den beim jeweiligen Seegang höchstzulässigen Fluggewichten. Siehe hierzu Abb. 7.

Ein evtl. durch auftretenden Seegang bedingtes kleineres Fluggewicht kann durch Betätigung des Kraftstoffschnellablasses erreicht werden.

a) Kurssteuerung ausschalten: Hauptschalter „Aus".
b) Verteilung der Besatzung wie beim Abflug — Anschnallen.
c) Luftschrauben-Verstellschalter auf 11^{30} Uhr, um ein leichteres Durchstarten zu ermöglichen.
d) Gashebel auf Leerlauf zurücknehmen.
e) Flugboot schwanzlastig trimmen bis 170 km/h, dann

f) Landeklappe voll ausfahren (Schalter an der Decke des Führerraumaufbaues bei Spant 7). Anzeige durch Merkleuchte (Führergerätetafel) und Anzeigevorrichtung (Spant 7 links) beachten.
g) Während eines langen Gleitfluges öfters etwas Gas geben, damit die Motoren nicht zu kalt werden.
h) Zur Landung geradeaus ansetzen und möglichst gegen den Wind landen.
i) Aufsetzen mit ungefähr 115 km/h Geschwindigkeit. Zum Aufsetzen kann voll durchgezogen werden. Die Auslaufstrecke kann durch Kreislauf um fast $^1/_3$ gekürzt werden.
k) Nach dem Aufsetzen auf dem Wasser Landeklappe vollständig einfahren (Merkleuchte in der Hauptgerätetafel erlischt).
l) Beim Rollen Motorspreizklappen voll öffnen. In besonderen Fällen kann mit umgesteuerter mittlerer Luftschraube manövriert werden. Vorsicht, daß Motor nicht zu heiß wird.

Vorsicht beim Zuwerfen der Leinen, um ein Verfangen derselben in der laufenden Schraube des mittleren Motors zu verhindern.

Vorsicht mit Bootsschnauze beim Anlegen an Brücken und Boote, auch wenn zum Schutze Fender vorhanden sind. Bug kann leicht eingedrückt werden.

Nach dem Abstellen der Motoren (siehe unter „I. D. 8. Abstellen der Motoren") sind alle Selbstschalter an der Hauptschalttafel auszuschalten.

Über Kaltstartvorbereitung, welche unter Umständen vor dem Abstellen der Motoren vorgenommen wird, siehe besondere „Kaltstartbetriebsanweisung".

D. Verhalten in Sonderfällen

1. Durchstarten
Gashebel langsam auf Startleistung.
Luftschraubeneinstellung bleibt 11^{30} Uhr.
Es wird mit der für die Landung voll angestellten Landeklappe durchgestartet, wobei eine erhebliche

II. Flugbetrieb

Schwanzlastigkeit auftritt, die jedoch zunächst mit Handkraft (Steuersäule) zu überwinden ist und dann durch Verstellen des Höhentrimm- und Ausgleichsruders ausgeglichen wird.

Nach dem Überfliegen der Starthindernisse und Erreichen einer Höhe von ca. 150 m ist die Landeklappe einzufahren.

2. Ausfall des elektr. Bordnetzes

Fällt das Bordnetz durch Beschuß, Schäden an den Stromerzeugern oder Stromsammlern usw. aus, so ist zuerst der Hauptschalter auszuschalten, um größere Schäden zu vermeiden. Die Selbstschalter der Stromerzeuger (Hauptschalttafel) sind ebenfalls auszulösen.

Baureihe T-1: Hauptschalterbetätigung oben bei Spant 8.
Baureihe T-2: Ferntrennschalter in der Führergerätetafel.

Der Kraftstoffwählhebel (Spant 13 rechts) ist auf Stellung „IV" umzulegen. Inhalt der Stummelbehälter mittels der Handpumpe an Spant 13 in die Flächenbehälter umpumpen. Reichweite sofort feststellen und berücksichtigen.

Kurshaltung nach Notkompaß, da Fernkompaßanlage ausfällt. Ebenso fällt die Kurssteuerung aus.

Landeklappe nach den Angaben „C. 1. Abflug" von Hand betätigen.

3. Betrieb des Hilfsaggregates

Das Hilfsaggregat in Raum 4 ist in Betrieb zu setzen, wenn der elektrische Leistungsbedarf durch die Bordstromsammler oder Triebwerksgeneratoren nicht gedeckt werden kann, z. B. beim Anlassen der Flugmotoren, bei längerem Rollen, bei an Anker liegendem Flugboot zwecks Aufrechterhaltung des Notsendebetriebes usw.

Bei ungewöhnlich hohem elektrischen Leistungsbedarf kann das Aggregat parallel zu den Triebwerksgeneratoren arbeiten.

Einschalten:
Selbstschalter (Hauptschalttafel) eindrücken. <u>Druckknopf drücken,</u> bis der Vergaser vollgelaufen ist.
Baureihe T-1: Druckknopf in der Hauptschalttafel.
Baureihe T-2: Druckknopf am Aggregat.

II. Flugbetrieb

Druckscheibe „Anlassen" (Hauptschalttafel) drücken, bis der Benzinmotor anläuft. (Durch Drücken auf die Scheibe „Anlassen" wird der Regler des Aggregates überbrückt, der Generator bekommt vom Bordnetz Spannung, läuft als Motor und wirft den Benzinmotor an.)

Druckscheibe „Anlassen" loslassen (Regler wird eingeschaltet und liefert Strom an Netz). Merkleuchte in der Hauptschalttafel muß jetzt leuchten. Das Absperrventil (EMVA) wird jetzt durch die erzeugte Spannung offengehalten und der Kraftstoff fließt normalerweise in den Vergaser.

Beim Handanlassen Druckknopf des Anlaßventils und Tupfer am Vergaser gleichzeitig drücken.

> Bei entleerten Bordstromsammlern ist statt dem Drücken des Anlaßventils der Absperrhahn der Umgehungsleitung des EMAV zu öffnen und nach Anspringen des Aggregates sofort wieder zu schließen und zu plombieren.

Abschalten:

Druckscheibe „Abstellen" (Hauptschalttafel) drücken (Zündung wird kurzgeschlossen), bis Merkleuchte erlischt.

Erlöschen der Merkleuchte zeigt an, daß Aggregat im Stillstand und ungewolltes Anspringen unmöglich. Absperrventil EMAV wird stromlos und Benzinzufuhr zum Vergaser gesperrt.

4. Kraftstoffschnellablaß

Mit der eingebauten Schnellablaßanlage können nur die Stummelbehälter entleert werden.

Die Betätigung des Schnellablasses beider Behälterseiten erfolgt durch den gemeinsamen Betätigungshebel im Raum 4 bei Spant 12 links oben.

Hebel ziehen und in der tiefsten Stellung einrasten.

Bei Betätigung des Flaschenventils an der Flasche kann nach Abnahme der oberen Flaschenverkleidung auch eine Behälterseite allein geleert werden.

5. Motorausfall

Bei Ausfall eines Motors ist dessen Luftschraube auf Segelstellung zu stellen. Zündung ausschalten. Eine Erhöhung der Leistung der beiden noch laufenden Motoren ist normalerweise nicht notwendig. Dies ist jedoch vom Fluggewicht abhängig. (Luftschraubenstellung ca. 11^{10} Uhr.)

Das Flugboot läßt sich bei Ausfall eines Seitenmotors leicht austrimmen, Hängen tritt dabei kaum auf.

Achtung! Bei Seitenmotor-Ausfall auf Luftversorgung achten, da hierdurch eine Gerätetafelseite ausfällt.

Schmierstoffkühlerklappe des ausgefallenen Motors schließen (Hebel in der Bedientafel des Raumes 4), Motorspreizklappen schließen. (Drehsteuerschalter Bedientafel Raum 4, Handpumpe Raum 4 Spant 12 links.)

Alle nicht wichtigen Stromverbraucher sofort ausschalten, damit durch Stromsparen ein etwa notwendiges Wiederanlassen ermöglicht wird.

6. Fallschirmausstieg

Nur nach Anweisung des Flugzeugführers!
Ausstieg nach oben durch die Öffnung in der Decke des Führerraumaufbaues.

7. Notlandung

a) auf dem Wasser

Wie normale Landung.

Vor der Landung im schweren Seegang ist, wenn möglich, der in den Stummelbehältern noch vorhandene Kraftstoff über den Schnellablaß (Schalthebel im Raum 4 links) abzulassen.

Bei leckgewordenem Boot ist ein notdürftiges Abdichten mit dem im Bordsack befindlichen Lecksicherungsmaterial vorzunehmen.

Eingedrungenes Leckwasser mit der in den Raum 4 rechts eingebauten Lenzanlage lenzen:

Saugschlauch der Lenzpumpe am Spant 11 an die Saugrohre der verschiedenen Bootsräume bei Spant 12 rechts anschließen. Das freie Ende des Druckschlauches durch die Einstiegöffnung zwischen Spant 11 und 12 ins Freie hängen und mit der Handpumpe (Spant 11 rechts) die verschiedenen Räume nacheinander leerpumpen.

Schmierstoffkühlerklappen und Motorspreizklappen schließen. Ruder, soweit sie nicht zum Manövrieren gebraucht werden, befestigen.

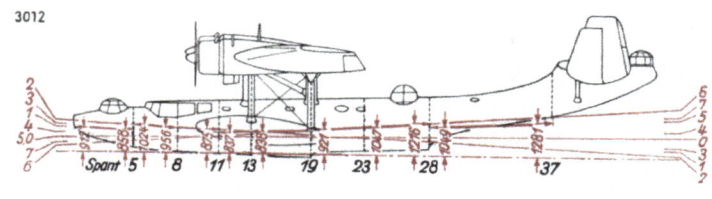

Wasserlinie	Lecker Raum	Wasserlinie	Lecker Raum
0 bis 0	Boot unverletzt	5 bis 5	Spant 13 bis Spant 23
1 bis 1	Vorn bis Spant 8	6 bis 6	Spant 19 bis Spant 28
2 bis 2	Spant 5 bis Spant 11	7 bis 7	Spant 23 bis Spant 37
3 bis 3	Spant 8 bis Spant 13		(Spant 23 bis hinten)
4 bis 4	Spant 11 bis Spant 19	0 bis 0	Spant 28 bis hinten

Abb. 8. Schwimmlage eines beschädigten Bootes

Setzen von Ankerfeuer usw. nach LVO. (Selbstschalter in der Hauptschalttafel.)

Im Falle einer ernsteren Beschädigung oder bei durch schwere See drohenden Beschädigung des Flugbootes ist das Schlauchboot einsatzbereit zu halten. Es kann nur im gasleeren Zustand, also nicht aufgeblasen, aus dem Flugboot herausgebracht werden.

b) Auf dem Festland

Die Landung ist wie eine normale Wasserlandung durchzuführen. Im Winter sind Schneefelder dazu geeignet. Sie ermöglichen unter Umständen nach Beheben des Schadens einen Abflug.

Wurde das Bordnetz nicht früher abgeschaltet, so ist dies sofort nach dem Aufsetzen zu tun.

Für die Besatzung ist beim Bereithalten zum Ausstieg wegen der Gefahr des Herausgeschleudertwerdens (harte Landung!) Vorsicht geboten.

II. Flugbetrieb

8. Tropeneinsatz

Für den Fall einer Notlandung in den Tropen sind für die Besatzung 2 Satz Flugzeugnotausrüstung (je 1 Satz für 3 Mann) Fl 30042 im Raum 5 untergebracht. Beide Satz bestehen aus:

2 Rucksäcke	Fl 30042—1
2 Rucksäcke	Fl 30042—2
2 Rucksäcke	Fl 30042—3
2 Karabiner K 98 mit Bezügen	
2 Zwillinge bzw. Drillinge mit Bezügen	
1 Notsender	Fl 27092
1 Zubehörbehälter	Fl 27193
12 Trinkwasserflaschenbehälter 10	Fl 413900
6 Trinkwasserflaschenbehälter 20	Fl 413901

III. Wartung

A. Allgemeine Arbeiten

1. Abstellen an Land

Nach dem Absetzen an Land muß das Boot, falls es vorher mit Seewasser in Berührung gekommen ist, mit Süßwasser abgewaschen oder abgespritzt werden.

Vorher ist das Boot mit der Lenzeinrichtung im Raum 4 rechts zu lenzen. Hierbei auf Wasserrückstände in toten Winkeln und hinter Profilen achten. Stummelräume mit der im Raum 7 untergebrachten, transportablen Lenzpumpe durch die Mannlöcher in den Stummeloberseiten lenzen.

Höhen-, Seiten- und Quersteuergestänge mit der Feststellvorrichtung im Führerraum festlegen sowie Höhen- und Seitensteuergestänge im Heckraum bei Spant 31 durch Stecken des Sperrstiftes verriegeln.

Das Bordnetz ist auszuschalten.

An den Stummelklappen wird das Boot bei Aufstellung im Freien nach den Angaben der Abb. 9 festgezurrt.

Bug-, MK- und Heckstand, Motoren und Staurohre sind mit Bezügen abzudecken. Die Abdeckplanen sind nur nachts und bei schlechtem Wetter aufzulegen. Wegen Schwitzwasserbildung (Gefahr von Masseschlüssen in der Elt. Anlage) sind sie bei Sonnenschein unbedingt zu entfernen. Es ist durch Öffnen von Fenstern, Luken usw. für eine Durchlüftung des Bootsinnern zu sorgen. Besonders die Räume der Kraftstoffstummelbehälter sind durch Öffnen der eigens gekennzeichneten Außen- und Innenborddeckel zu belüften.

a) Auf Aufschleppwagen

Das Flugboot ruht auf dem besonders für Do 24 hergerichteten Aufschleppwagen. Bremsklötze vorlegen. Räder durch Holzkeile entlasten.

Tragfähigkeit des Aufschleppwagens . . . 15 to
Reifendruck . . . . 4 atü

b) Auf Abstellböcken oder Pallungen

Das Flugboot kann mittels eines Hebezeuges auf Abstellböcke unter den Spanten 8, 19 und 39 abgestellt werden. Die Abstellböcke sind gepolstert.

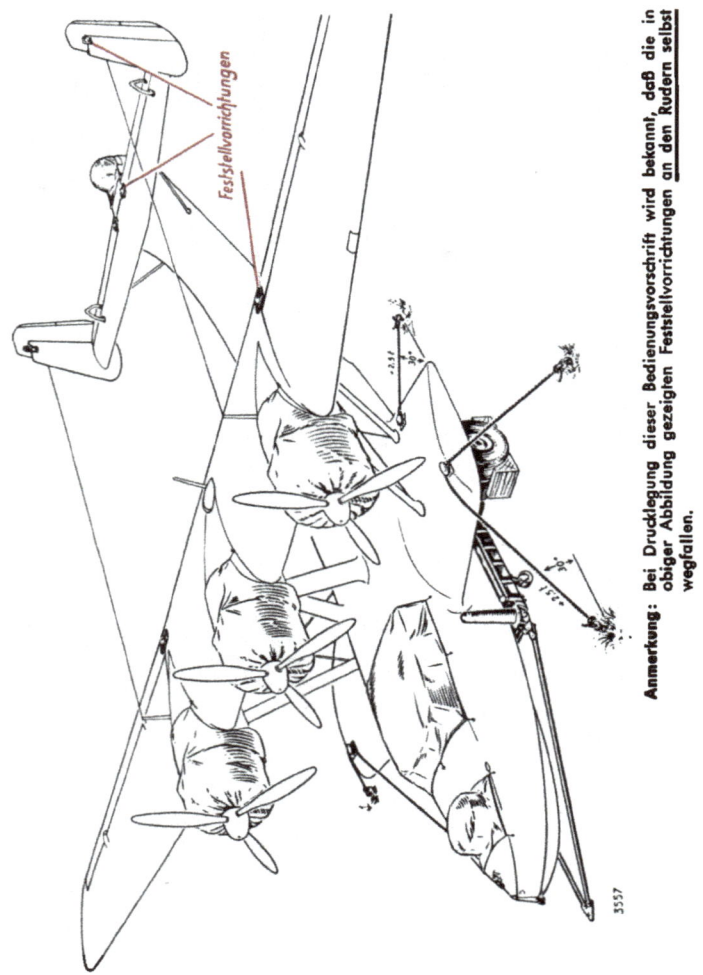

Abb. 9. Flugbootverankerung an Land

III. Wartung

c) Auf ebenen Kiel

Das Flugboot kann ohne Unterlage auf ebenen Kiel abgesetzt werden. Unter die Spanten müssen Keile geschoben werden.

2. Zuwasserbringen und Aufholen

a) Zuwasserbringen und Aufholen mit Kran

Tragfähigkeit der Heißvorrichtung 14,0 to.

Das an der Tragflächenoberseite, innerhalb der Verkleidung des mittleren Triebwerksgerüsthinterteiles, gehalterte Heißgeschirr ist mit seinem hinteren Stropp bereits an den Beschlag des Hinterholmes angeschlossen und muß zur Ingebrauchnahme noch an das Beschläg des Vorderholmes angeschlossen werden.

Das Flugboot ist während des Manövers mit je einer Leine am Sliphaken oder an einer der Bugklampen zu leiten.

1 Sliphaken
2 Auslösestab
3 Seilzug zum Führerraum

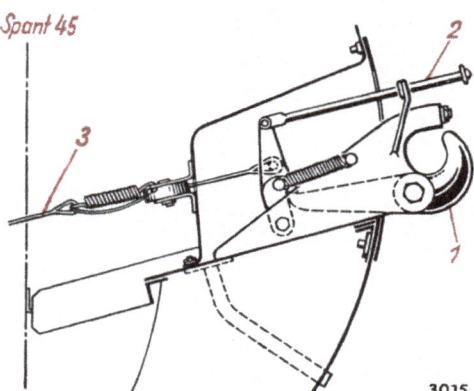

Abb. 10. Sliphaken

b) Zuwasserbringen und Aufholen mit Aufschleppwagen

Zur Verwendung kommt der bereits genannte Aufschleppwagen. Er ist zum Schleppen nach vor- und rückwärts eingerichtet. (An Stelle des Aufschleppwagens kann auch die aus Schwimmern mit Laufrädern und dem Schwanzwagen bestehende Aufschleppvorrichtung verwendet werden, für die Beschläge an den Stummeln und der Tragfläche vorgesehen sind.)

Soll das Flugboot mit laufenden Motoren mit dem Bug voraus zu Wasser gebracht werden, so ist folgendermaßen zu verfahren:

Der Aufschleppwagen steht auf der Ablaufbahn und ist mit Bremsklötzen festgesetzt. Die Gummipiloten werden in die waagrechte Lage umgelegt und die Haltetaue von den Bug- und Deckklampen losgeworfen. Bremsklötze entfernen und den Wagen mittels Treckerhilfe ins Wasser fieren. Beim Aufschwimmen des Flugbootes zum Wegrollen Gas geben.

Soll das Flugboot dagegen mit stehenden Motoren zu Wasser gebracht werden, so muß es von einem Motorboot beim Aufschwimmen verholt werden.

Zum Aufschleppen wird der Wagen mittels Treckerhilfe bei aufgerichteten Gummipiloten (nach Land zeigend) so weit zu Wasser gefiert, daß die Gummipiloten vom roten Ring ab aus dem Wasser herausragen.

Das Flugboot rollt bei guter Übung des Flugzeugführers mit mittlerem Motor über den Aufschleppwagen zwischen die Gummipiloten. Die Hosenmänner hängen die an einem rot gekennzeichneten Schwimmkörper hängenden Haltetaue des Aufschleppwagens über die Bugklampen. Die Taue sind so lang bemessen, daß die Vorderkanten der Stummel an der Hinterkante der Gummipiloten anliegen. Hierauf wird am Bugständer eine Leine befestigt, die mit dem Aufschleppseil steif gesetzt ist, damit das Flugboot nicht zurückrutschen kann und beim Auffieren richtig auf den Wagen zu liegen kommt. Jetzt kann der Wagen mit dem Flugboot aufgefiert werden. <u>Beim Aufschleppen bei Seegang und Seitenwind ist größte Vorsicht geboten.</u>

Das Aufschleppen mit laufenden Motoren wird nur gut geschultem Personal empfohlen. Mit stehenden Motoren erfolgt das Aufschleppen durch Übergabe der Leinen an Land vom Motorboot aus oder von Land an das Flugboot. Im übrigen wird sinngemäß wie beim Aufschleppen mit laufenden Motoren verfahren.

III. Wartung

3. Liegen im Wasser

a) An der Boje

Schleppstander an der Boje festmachen. Zur Sicherung bei Reißen des Schleppstanders eine unbelastete Leine zwischen Boje und eine der Bugklampen festmachen.

Bei kurzem Liegen des Flugbootes: Höhen-, Seiten- und Quersteuerung mit der Feststellvorrichtung im Führerraum festlegen.

Bei längerem Liegen: ist außerdem noch das Höhen- und Seitensteuergestänge durch Stecken des Sperrstiftes bei Spant 31 zu verriegeln.

Bug-, MK- und Heckstand, Motoren sowie Staurohre mit den Bezügen abdecken.

Die Abdeckplanen sind nur nachts und bei schlechtem Wetter aufzulegen. Wegen Schwitzwasserbildung (Gefahr von Masseschlüssen in der elektr. Anlage) sind sie bei Sonnenschein und ruhiger See unbedingt zu entfernen. Es ist durch Öffnen von Fenstern, Luken usw. für eine Durchlüftung des Rumpfinnern zu sorgen. Besonders die Räume für die Kraftstoffstummelbehälter sind durch Öffnen der eigens bezeichneten Außen- und Innenborddeckel zu belüften.

Bei Seegang sind vor dem Verlassen des Bootes sämtliche Schottüren und Luken zu schließen.

Liegt das Flugboot in oder nahe einem Fahrwasser, so ist das mitgeführte Ankerlicht (an der Tragflächenoberseite innerhalb der Verkleidung des mittleren Triebwerksgerüsthinterteiles gehaltert) zu setzen und an die Steckdose neben der Masteinstecköffnung anzuschließen. Masteinstecköffnung und Steckdose auf der linken Seite der Verkleidung nach Lösen des Abdeckbleches zugänglich. Selbstschalter in der Hauptschalttafel des Raumes 4 einschalten. Bordnetz ausschalten.

Baureihe T-1: Knopf der Hauptschalterbetätigung bei Spant 8 oben ziehen.

Baureihe T-2: Druckscheibe des Ferntrennschalters in der Führergerätetafel eindrücken.

b) Am Strand und an der Brücke

Das Flugboot kann mit dem Bug voraus an Strand gelegt werden. Klampen zum Festmachen der Leinen sind ausreichend vorhanden.

Beim Liegen an der Brücke zwischen Bug und Brücke ein Fender anbringen.

c) Vor Anker

Nach dem Aufbringen und Fassen des Ankers die Ankerleine, deren Länge mindestens 5 mal der Wassertiefe zu nehmen ist, am Schleppstander belegen.

Zum Ankeraufgehen die Ankerleine Hand über Hand einholen.

Wenn stärkerer Wind herrscht, so lange rollen, bis sich der Anker ausreißen läßt.

Ist das vor Anker liegende Boot starker Sonnenbestrahlung (in den Tropen) ausgesetzt, so ist das zur Bootsausrüstung gehörende Sonnensegel entsprechend der Abb. 11 zu setzen.

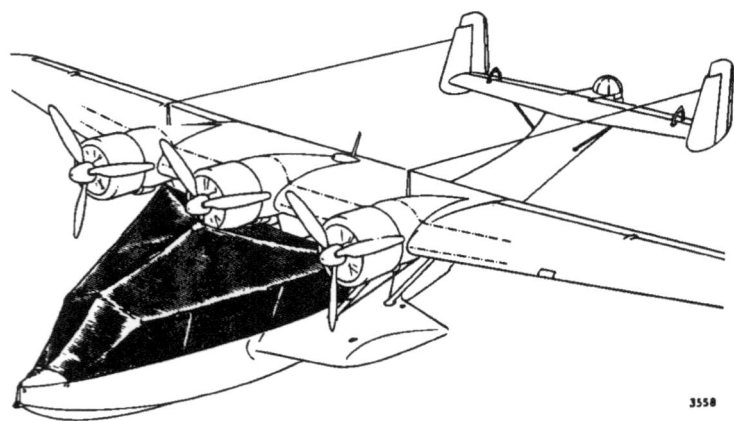

Abb. 11. Flugboot mit gesetztem Sonnensegel

III. Wartung

4. Auftanken

a) Kraftstoff

Kraftstoffart: Nach RLM-Vorschrift (Flugkraftstoff B 4, Oktanzahl 87).

Fassungsvermögen der einzelnen Behälter:

Flächenbehälter	2 × 1000 Liter	
Stummelbehälter I	2 × 300 Liter	
Stummelbehälter II	2 × 300 Liter	= 5320 Liter
Stummelbehälter III	2 × 350 Liter	Rauminhalt
Stummelbehälter IV	2 × 380 Liter	
Stummelbehälter V	2 × 120 Liter	
Stummelbehälter VI	2 × 210 Liter	

Auffüllmengen je nach Einsatz, siehe Reichweitentabelle!

Füllvorgang:

1. Stummelbehälter (Tanken ohne tragbares Umpumpaggregat):

   Im Raum 5, auf der aufzutankenden Behälterseite, Hebel der steuerbaren Rückschlagventile in „Auftankstellung" bringen. Kraftstoff über den gleichseitigen Außenbordanschluß bei Spant 19 so lange in die Stummelbehälter pumpen, bis die Vorratsanzeigegeräte in der Bedientafel des Raumes 4 die Füllung der einzelnen Behälter anzeigen. <u>Langsam tanken, da sonst die äußeren Behälter nicht voll werden!</u>

   Sind die einzelnen Behälter voll, dann den weiteren Zufluß durch Umlegen des Hebels vom entsprechenden, steuerbaren Rückschlagventil in „Flugstellung" absperren.

   Behälter der anderen Stummelseite in der gleichen Weise auffüllen.

2. Flächenbehälter (Tanken ohne tragbares Umpumpaggregat):

   Deckel über dem Hauptbehälterkopf (in Flächenoberseite) des aufzutankenden Behälters abnehmen. Füllverschluß öffnen und nach den Angaben des Peilstabes oder des Anzeigegerätes in der Bedientafel des Raumes 4 die vorgeschriebene Füllmenge einfüllen (mit Schlauch oder Trichter).

3. Stummel- und Tragflächenbehälter (mit tragbarem Umpumpaggregat):

Umpumpaggregat am Spant 13 rechts (innerhalb des Raumes 4) abnehmen, entsprechend Abb. 12 auf dem Stummel der zu tankenden Behälterseite aufstellen und an den gleichseitigen Außenbordanschluß bei Spant 19 anschließen.

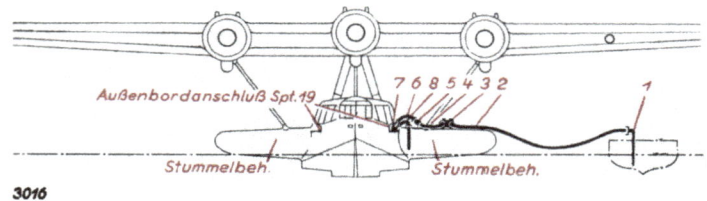

1 Absaugrohr
2 Zapfschlauchleitung
3 Umpumpaggregat
4 Zapfschlauchleitung
5 Filter
6 Übergangsschlauchleitung
7 Füllanschluß
8 Überlaufschlauchleitung

Abb. 12. Tanken mit Umpumpaggregat

Hebel der steuerbaren Rückschlagventile unten bei Spant 19 in „Auftankstellung" bringen. Kabelstecker des Umpumpaggregates in die Steckdose oben bei Spant 12 rechts einstöpseln, woraufhin die Betriebsmotoren des Aggregates ingangesetzt und die Pumpen zu arbeiten beginnen.

Kraftstoffwählhebel bei Spant 13 rechts unten in Stellung I. Betriebsmotor der Förderpumpen im Raum 4 durch Betätigung der Schalter bei Spant 12 rechts oben einschalten.

Während des Auftankens mit dem Umpumpaggregat ist zur Schonung der Bordstromsammler das in den Raum 4 eingebaute Hilfsaggregat einzuschalten. Siehe unter „D. Verhalten in Sonderfällen".

Sobald die einzelnen Stummelbehälter gefüllt, sind deren Absperrventile in „Flugstellung" umzulegen. Wenn Flächenbehälter voll, dann Hilfsaggregat und Förderpumpen im Raum 4 sowie das Umpumpaggregat abschalten.

Vorsicht! Flugmotorenkraftstoffe sind giftig, nach dem Tanken Hände reinigen.

b) **Kraftstoff für Hilfsaggregat**

Kraftstoffart: Flugkraftstoff B 4.
Fassungsvermögen des Behälters 27,5 Liter.

Füllvorgang:

Verschlußschraube des Behälters abnehmen und Kraftstoff einfüllen (mit Schlauch oder Trichter). Messung: Peilstab.

Nachfüllen des Vorratsbehälters ist auch mit dem Spezialschlauch aus dem Bordsack möglich, der an einen der Enttankstutzen oben am Spant 12 angeschlossen wird. Kraftstoffwählhebel bei Spant 13 auf Stellung IV und Handpumpe Spant 13 betätigen.

c) **Anlaßkraftstoff**

Kraftstoffart: „Intava"-Anlaßkraftstoff.
Fassungsvermögen des Behälters: 4,0 Liter.

Füllvorgang:

Verschlußschraube des Behälters abschrauben und den Kraftstoff mit Trichter oder Schlauch auffüllen.
Messung: Peilstab.

d) **Schmierstoff**

Schmierstoffart: Nur nach RLM-Vorschrift („Intava Rotring", „Intava 100" oder „Aero-Shell mittel").
Höchstzulässige Auffüllmenge je Behälter 140 Liter.
Auffüllmenge je nach Einsatz, siehe Reichweitentabelle!

Füllvorgang:

Wenn kein Kaltstart beabsichtigt, wird jeder Behälter je nach Bedarf bis zu 140 Liter Höchstinhalt aufgefüllt.

Hierzu ist der Beplankungsdeckel der festen Triebwerksverkleidung oben hinter der Brandwand abzunehmen und der Auffüllkopfverschluß des Behälters zu entfernen. Schmierstoff nach Peilstab mit Trichter einfüllen oder mit Schlauch einpumpen.

<u>Wenn Kaltstart</u> beabsichtigt, ist der Schmierstoff nach den Angaben der besonderen „Kaltstartbetriebsanweisung" aufzufüllen.

e) Kaltstartvorbereitung

Die Vorbereitung des Flugbootes für Kaltstart hat nach der besonderen „Kaltstartbetriebsanweisung" zu erfolgen. Das vorbereitete Flugboot ist deutlich zu kennzeichnen.

f) Hydraulische Flüssigkeit

Nur die vorgeschriebene Flüssigkeit verwenden!

Auffüllverschluß vom Behälter im Raum 4, bei Spant 11 links, abschrauben und Flüssigkeit bis zu einem Gesamtinhalt von 5 Liter auffüllen. Messung: Peilstab (Entlüftungsrohr).

g) Kohlensäure

Die beiden 5-Literflaschen der Schnellablaßanlage sind zur Füllung auszubauen bzw. gefüllt einzusetzen. Zugang durch die Luke des vorderen Laderaumes, Leitungen an den Flaschen trennen, ebenso die Seilzüge, Schnellverschlüsse öffnen.

Füllvorgang:

Zuerst notwendiges Druckgefälle herstellen. Dazu wird die zu füllende Flasche in einen Kübel mit Eiswasser gestellt ($= 0°$ C), die Vorratsflasche auf eine Temperatur von $30°$ C gebracht (Kübel mit Wasser von $30°$ C).

Beim eigentlichen Umfüllen stellt man die Vorratsflasche auf den Kopf. Der Füllungsgrad ist durch Wiegen zu bestimmen.

Es beträgt
 der Rauminhalt je Flasche . . 5 Liter
 das Leergewicht der Flasche mit Armatur . 6,255 kg
 das Füllgewicht (flüssige CO_2) je Flasche . 3,750 kg
 das Gewicht der gefüllten Flasche . . . 10,005 kg

Ist das Gewicht noch nicht vorhanden, dann wird der Füllvorgang wiederholt, bis 10,005 kg erreicht sind. Ebenso ist mit teilweise entleerten Flaschen zu verfahren.

Nach der Füllung sind die Flaschen wieder einzubauen. Die Schnellverschlüsse sind zu schließen, an die Flaschen die Leitungen sowie Seilzüge anschließen.

5. Enttanken

a) Kraftstoff

Umpumpaggregat am Spant 13 auf dem Stummel des Bootes aufstellen und entsprechend der Abb. 13 anschließen.

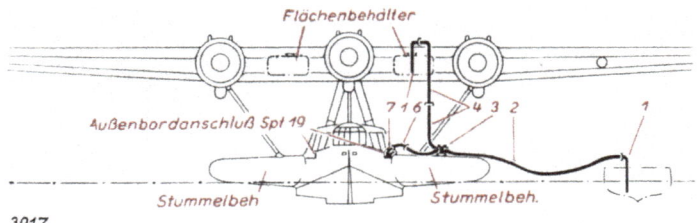

1 Absaugrohr   3 Umpumpaggregat   7 Füllanschluß
2 Zapfschlauchleitung   6 Übergangsschlauchleitung   4 Zapfschlauchleitung
(Die Nummern der Leitungen und Armaturen stimmen mit denjenigen der Abb. 12 überein)

Abb. 13. Enttanken

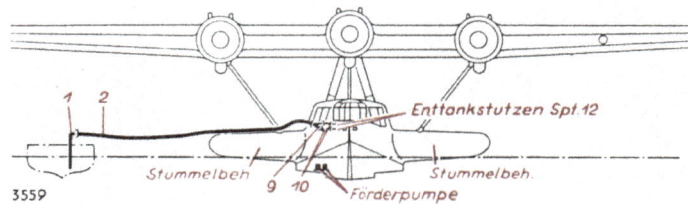

1 Absaugrohr   9 Verteilerstück
2 Zapfschlauchleitung   10 Schlauchleitung
(Die Nummern der Leitungen und Armaturen stimmen mit denjenigen der Abb. 12 überein)

Abb. 14. Stummelbehälter enttanken

Hebel der steuerbaren Rückschlagventile in „Flugstellung".

Kabelstecker des Umpumpaggregates in die Steckdose bei Spant 12 rechts oben einstöpseln.

Zur Schonung der Bordstromsammler, Hilfsaggregat im Raum 4 einschalten.

Zum Enttanken der Stummelbehälter allein, Enttankschlauch an die Enttankarmatur bei Spant 12 rechts oben entsprechend der Abb. 14 anschließen.

Förderpumpen im Raum 4 einschalten.

b) Schmierstoff

Klappen unter dem Ablaßventil der Behälter, in der Unterseite des festen Teiles der Triebwerksverkleidung hinter der Brandwand, öffnen. Verschluß der Ablaßventile abschrauben und Ablaßschlauch mit rechtsstehendem Hebel anschließen. Auffanggefäß unterstellen und Hebel nach links drehen, worauf der Schmierstoff abläuft. Alle drei Behälter gleich.

Die Schmierstoffleitungen, Kühler und Motoren werden über die Ablaßöffnung der Kühler entleert.

6. Laden des Transportgutes

Zum Einbringen des Transportgutes durch die Ladeluken auf der linken Bootsseite ist der zur Bootausrüstung gehörende Ladekran entsprechend der Abb. 15 an Spant 19 aufzustellen.

Zur Beleuchtung des Ladevorganges sind die in die Tragflächenunterseite eingebauten Strahler einzuschalten (Hauptschalttafel). Bei Vornahme von Arbeiten jeder Art ist zur Sicherung die in Abb. 15 gleichfalls dargestellte Arbeitsreeling zu spannen.

Vorsicht! Bei geöffneter hinterer Ladeluke Landeklappe nicht ausfahren.

III. Wartung

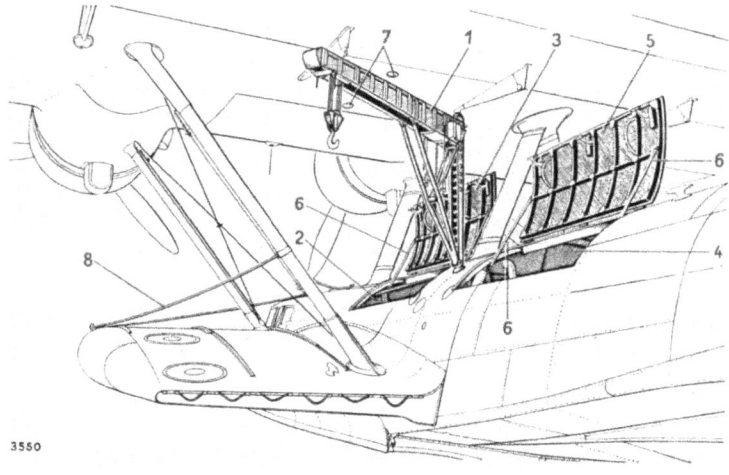

1 Ladekran
2 Vordere Ladeluke
3 Vorderer Lukendeckel
4 Hintere Ladeluke
5 Hinterer Lukendeckel
6 Feststellstangen der Lukendeckel
7 Arbeitsleuchten
8 Arbeitsreeling

Abb. 15. Ladekran

a) Luftschrauben

7. Sonstige Arbeiten

Die Wartung der Luftschrauben erfolgt nach L.Dv.514.

b) Undichtigkeiten

Zur Erhaltung der Betriebssicherheit und Vermeidung von Gefahrenquellen sind die Behälter, Rohrleitungen usw. der einzelnen Flugbootanlagen laufend auf Dichtsein zu prüfen.

Bei der Prüfung sind die für die einzelnen flüssigen oder gasförmigen Stoffe geltenden Sicherheitsvorschriften zu beachten.

Jede festgestellte Undichtigkeit ist sofort zu beseitigen.

Beim Prüfen der Kraftstoffanlage sind die betrieblichen Verhältnisse herzustellen, d. h. bei entsprechender Stellung des Kraftstoffwählhebels beim Prüfen der Leitungen zwischen Stummelbehälter und Flächenbehälter, sowie Flächenbehälter und Flugmotoren, sind bei abgestellten Flugmotoren die Förderpumpen im Raum 4 bzw. die Behälterpumpen einzuschalten.

c) Deckel und Klappen
Gutes Anliegen und Passen sämtlicher Deckel und Klappen prüfen. Befestigungen nachziehen usw.

d) Reinigen des Flugbootes
Wenn das Flugboot mit Seewasser in Berührung gekommen ist, mit Süßwasser abwaschen oder abspritzen. Noch anhaftenden Schmutz mit lauwarmem Wasser beseitigen. Fett-, Schmierstoff- und Abgasspuren mit den vorgeschriebenen Reinigungsmitteln entfernen.

Achtung! Es darf kein Benzol, Terpentinersatz oder Nitroverdünnung benützt werden, da diese fettlösenden Mittel die Lackierung angreifen!

e) Motorpflege
Angaben siehe Motorhandbuch „BRAMO FAFNIR 323 R 2".

Die Ansaugluftfilter der drei Triebwerke sind nach je zwei Flügen zu reinigen und neu mit Öl zu benetzen. Hierzu die Filter ausbauen (Schnellverschlüsse lösen, Filter abnehmen) und in einem entsprechend großen, vor Sand und Staub geschützten Reinigungsbehälter durch Spülen in einem der nachstehend angeführten Reinigungsmittel reinigen.

Reinigungsmittel:
a) Kraftstoff (Benzin, Benzol, Petroleum oder dergl.)
b) Heißes Sodawasser
c) Heiße P_3-Lösung oder
d) Trichloräthylen.

Unbedingt sauberer Zustand des Reinigungsmittels ist nicht erforderlich.

Bei Verwendung von verseifenden Mitteln (Sodawasser) oder verdünnenden Mitteln (Petroleum) die Filter vor dem Trocknen mit heißem Wasser nachspülen.

Ausklopfen der Filter ist unzulänglich, schädlich und daher verboten!

Filter trocknen, dabei vor Sand und Staub schützen! Durchblasen mit Preßluft beschleunigt das Trocknen.

Filter neu benetzen. Hierzu kann abgelassener Motorenschmierstoff verwendet werden, da völlige Reinheit des Öles nicht erforderlich ist.

Filter in das Öl eintauchen und abtropfen lassen, bis ein dünner Ölfilm übrigbleibt. Heißes Öl oder vorgewärmte Filter beschleunigen das Abtropfen des Öles. Bei Vorhandensein von Preßluft Filterzelle durchblasen, bis ein dünner Ölfilm übrigbleibt.

Überziehen des Filters mit Öl wegen der Unvollkommenheit der Benetzung verboten.

Schnellverfahren durch Aufspritzen des Öles mit Farbspritzpistole oder ähnliches. Übermaß der Ölbenetzung führt zur Verschmutzung der Ansaugwege der Motoren und ist deshalb zu vermeiden.

B. Tägliche Arbeiten

a) Boot   1. Flugwerk

Bootskörper auf Dichtheit prüfen.
Deckel und Klappen auf festen Sitz prüfen.

b) Steuerung

Gängigkeit feststellen.
Ausschläge prüfen.
Verstelleinrichtungen durchprüfen.

c) Leitwerk

Wie „Steuerung".
Lagerspiel und auf Scheuerstellen nachsehen.

d) Tragfläche

Zum Austrocknen des Tragflächeninnern sämtliche Deckel öffnen.

Deckel auf festen Sitz prüfen.

Stielverkleidungen, Stielanschlüsse und Stielverspannung in Ordnung?

Spaltabdeckungen fest?

Trennstellen und Anschlüsse prüfen.

Heißvorrichtung in Ordnung?

2. Triebwerk

a) Luftschrauben

Einstellnocken und Sicherungsbleche der Flügellagerung auf Lösen und Selbstverstellung prüfen.

Hauben fest?

Blätter mit Vaseline reinigen und einfetten.

b) Motoren

Leitungsanschlüsse auf Dichtheit prüfen, nachziehen.

Kerzen auf guten Sitz prüfen, nachziehen.

Zündkabel nachsehen.

Schellen auf Brüche untersuchen.

Bediengestänge auf Genauigkeit überprüfen.

Abgasstutzen auf Festigkeit der Halterung prüfen, ebenso auf Durchbrennen untersuchen.

Triebwerk- und Motorbockanschlüsse auf Lockerung untersuchen.

Kurze Verdichtungsprobe (Zündung ausschalten).

Gutes Schließen der Verkleidungen beachten und Betriebsfähigkeit der Motorspreizklappen überprüfen.

3. Ausrüstung

Es ist die Betriebsbereitschaft der gesamten Ausrüstung nach den unter I. C. Flugklarmeldung zusammengestellten Gesichtspunkten zu untersuchen.

C. Terminmäßige Wartung

1. Wartungs- und Prüfplan

Vorzunehmen an		Arbeit
Nach je 2 Flügen	Ausaugluftfilter der Flugmotoren	Siehe unter III. Wartung — A. Allgemeine Arbeiten
Nach 15 Betr.-Std.	Brandhahnfilter	Ausbauen und reinigen
Nach 50 Betr.-Std.	Horizont	Filter ausbauen und reinigen. Beim Einbau ist genauestens auf die Schichtfolge der Filterbleche zu achten.
	Schmierstoffdruckmeßleitungen	Schmierstoffdruckmeßleitungen an den Anzeigegeräten und motorseitig lösen. „Maximall"-Pumpe DFP 1 (Fl. 20596) mit Glyzerin von 75% bis 85% füllen und Pumpe am motorseitigen Ende der Druckmeßleitungen anschließen. Soviel Glyzerin in die Leitung drücken, bis es klar am Druckmesseranschluß austritt. Zuerst die Leitung an den Druckmesser, dann motorseitig anschließen.
Nach 200 bis 500 Betr.-Std.	Elektromotor, Generatoren und sonstige elektr. Antriebe wie Scheibenwischer u. dgl.	Nach den Vorschriften der Hersteller
Nach Bedarf	Motorspreizklappenverstellung	Flüssigkeit nachfüllen und auf Dichtheit prüfen

Vorzunehmen an		Arbeit
Alle 4 Wochen	Bordstromsammler	Säuredichte messen und gegebenenfalls destilliertes Wasser nachfüllen und nachladen. Klemmen reinigen und mit säurebeständigem Fett einfetten, gelöste Klemmschrauben festziehen und mit Schellack sichern
mindestens alle 8 Wochen	Gurte der Flächenbehälter	Gurte der Behälter nachziehen
Nach Angaben des Motorhandbuches	Motoren	Hierher gehören auch: Schmierstoffwechsel, Ölschlammablassen aus Ölsumpf und Ölpumpe, Ölablassen aus den Kühlern, Behältern usw.
Nach L.Dv. 521	Oberflächenschutz	Pflege und Instandhaltung
Nach techn. Anweisung GL 6	Elektr. Anlage	Isolationsmessung
Je nach Benutzung	Hilfsaggregat Gefinal	Ventilschäfte stets gut unter Öl bzw. Fett halten. Jedes Einspritzen von Petroleum zwischen Schaft und Ventilführung ist verboten

2. Schmierpläne

Das Flugboot ist nach den Angaben der folgenden Schmierpläne
- **Abb. 16 Motorbedienungsgestänge**
- **Abb. 17 Motorbedienungsseilzüge**
- **Abb. 18 Steuerung**
- **Abb. 19 Hilfssteuerung**

regelmäßig durchzuschmieren.

Für die Motoren, Luftschrauben und Ausrüstungsgegenstände gelten die Angaben der Hersteller.

Do 24 T-1 (Tp), T-2 (Tp)
Bed. Vorschrift-Fl

III.

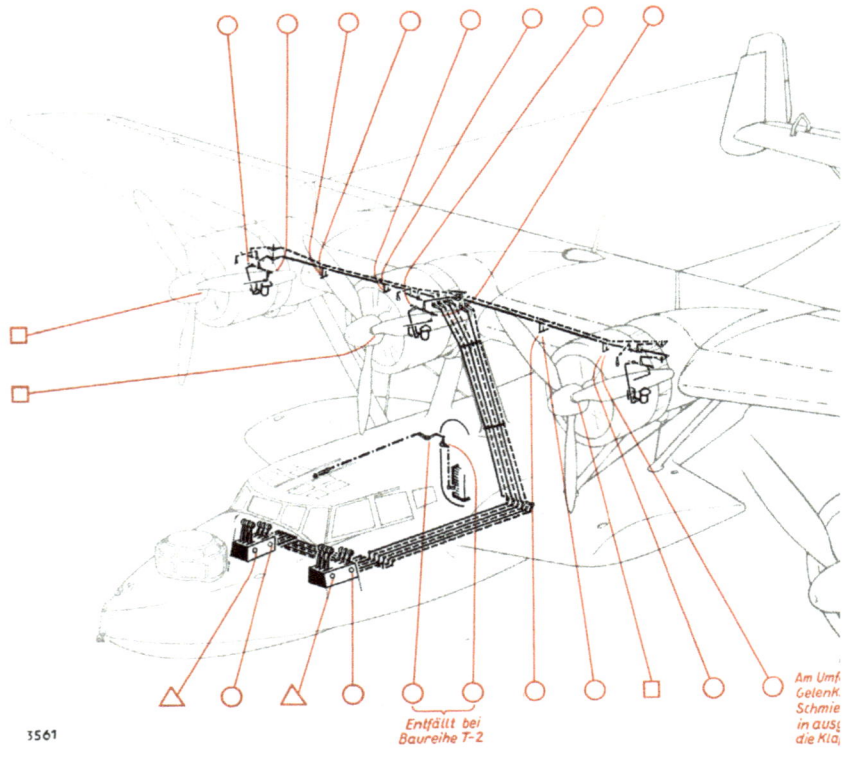

3561

Entfällt bei Baureihe T-2

Am Umf
Gelenk
Schmie
in ausg
die Kla

Wartung

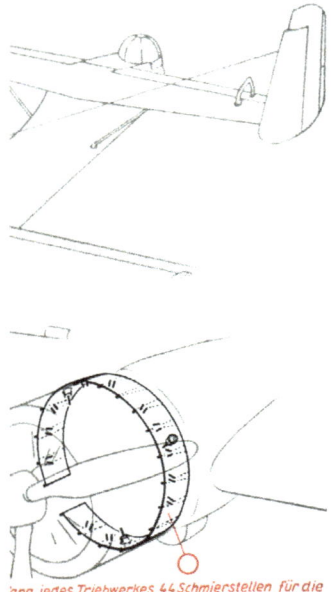

	Schmiermittel
○	Flugzeugfett „blau"
△	Schmieröl
□	Nach VDM

Schmierzeiten
Nach 10 Betriebsstunden

Einzelne Schmierstellen sind nach Öffnen der entsprechenden Deckel in Beplankung und Verkleidung zugänglich!

...ang jedes Triebwerkes 44 Schmierstellen für die
...stücke der Spreizklappen. Zum Bedienen dieser
...rnippel sind die Betätigungsstangen der Klappen
...gefahrenem Zustand loszuschrauben, und dann
...ppen vollends ganz aufzudrücken.

Abb. 16. Schmierplan: Motorbediengestänge

Do 24 T-1 (Tp), T-2 (Tp)
Bed. Vorschrift-Fl

III. Wa

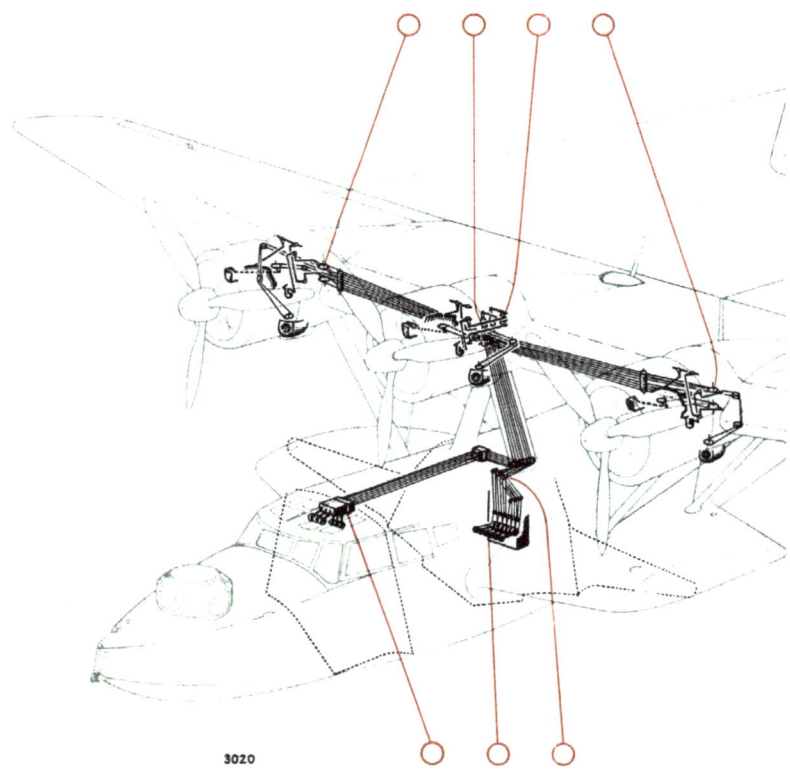

3020

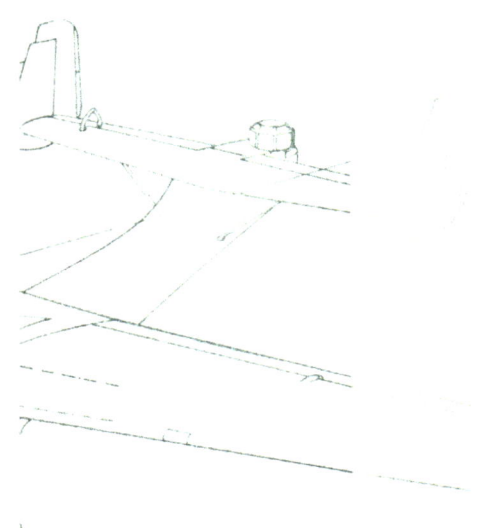

Schmiermittel
○ Flugzeugfett „blau"

Schmierzeiten
Nach 10 Betriebsstunden

Einzelne Schmierstellen sind nach Öffnen der entsprechenden Deckel in Beplankung und Verkleidung zugänglich!

Abb. 17. Schmierplan: Motorbedienungsseilzüge

Do 24 T-1 (Tp), T-2 (Tp)
Bed. Vorschrift-Fl

III. W

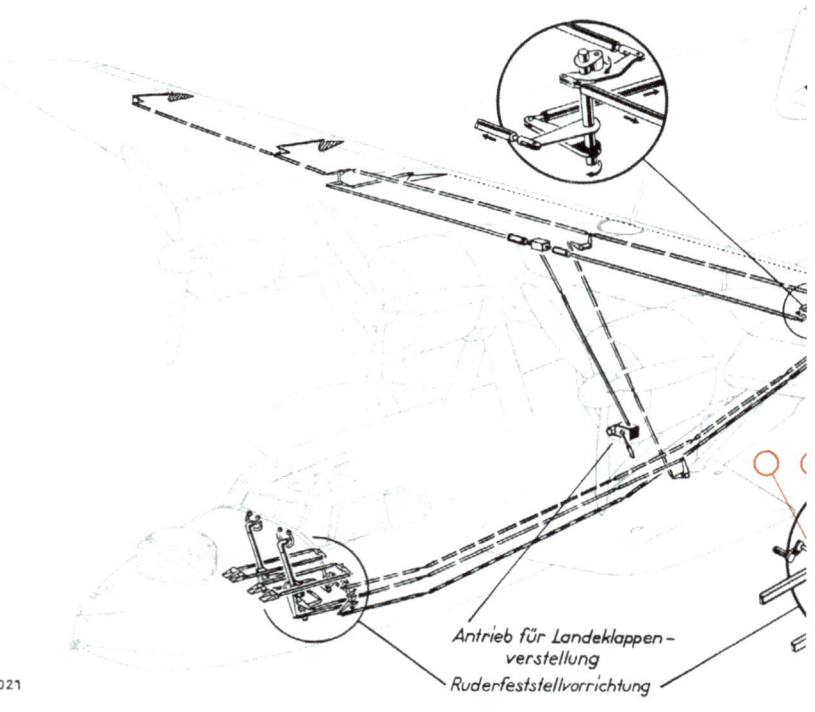

Antrieb für Landeklappen-
verstellung
Ruderfeststellvorrichtung

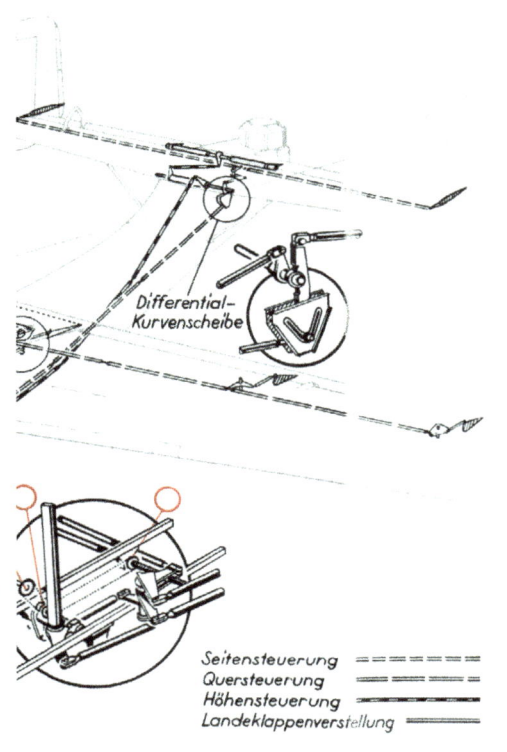
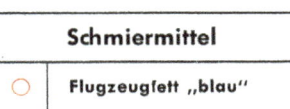

Schmiermittel	
○	Flugzeugfett „blau"

Schmierzeiten
Nach 10 Betriebsstunden

Differential-Kurvenscheibe

Seitensteuerung ========
Quersteuerung ===== ====
Höhensteuerung ═══
Landeklappenverstellung ━━━━

Abb. 18. Schmierplan: Steuerung

Do 24 T-1 (Tp), T-2 (Tp)
Bed. Vorschrift-Fl

III. W

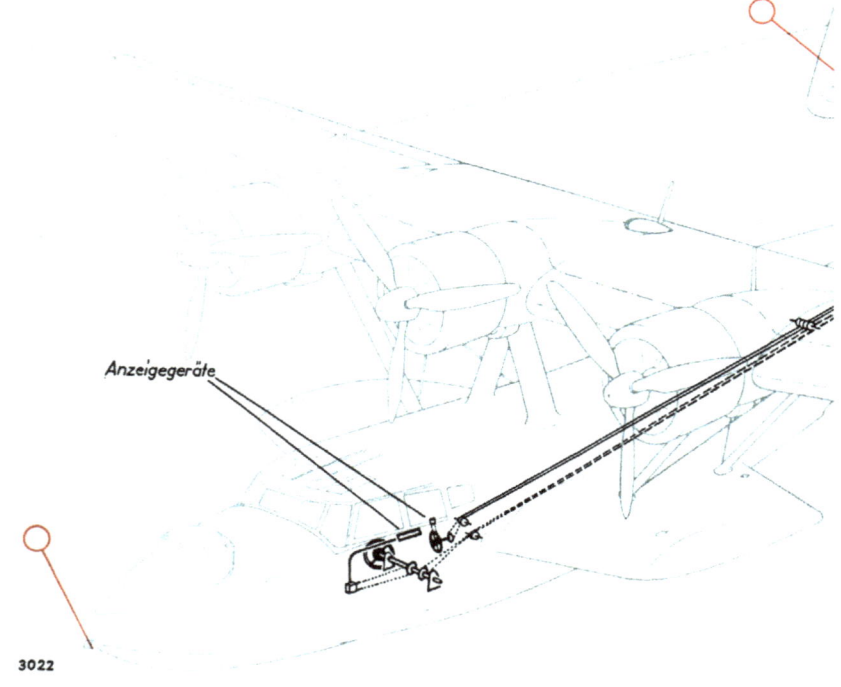

3022

Wartung III 22

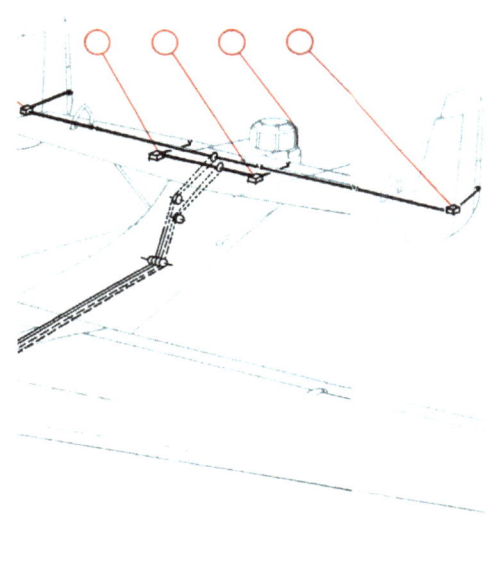

Schmiermittel
○ Flugzeugfett „blau"

Schmierzeiten
Nach 10 Betriebsstunden

Einzelne Schmierstellen sind nach Öffnen der entsprechenden Deckel in Beplankung und Verkleidung zugänglich!

Höhentrimm-und Ausgleichsruder ----------
Seitentrimm und Ausgleichsruder ─────

Abb. 19. Schmierplan: Hilfssteuerung

www.ingramcontent.com/pod-product-compliance
Lightning Source LLC
Chambersburg PA
CBHW050817090426
42736CB00022B/3482